벌집삼겹살 CEO 이승환의
사람 부자 만들기
200억
XX 일보
200억
10000
10000
10000

벌집삼겹살 CEO 이승환의

사람 부자 만들기

초판1쇄 발행 2010년 3월 15일

지은이 이승환
발행인 김순정

북에디터 조희숙
편집팀장 김민수
홍보 김순애, 김영미
교정·교열 이수경
마케팅 김태훈
디자인 공경회
사진 PNP 이상신 실장
일러스트 박준영

펴낸곳 순정아이북스
주소 서울시 서초구 서초동 1330-18 현대기림빌딩 704호
전화 (02) 597-8933 **팩스** (02) 597-8934
홈페이지 www.soonjung.net
이메일 bestedu11@hanmail.net
출판등록 2002년 10월 08일 제16-2823호

＊순정아이북스는 영혼이 춤추는 책을 펴냅니다.
  지식보다는 '지혜'를 정의보다는 '영감'을 동의보다는 '감동'을 담아
  미래의 세상을 바꾸는 책을 만듭니다.

ISBN 978-89-92337-23-6 03320
값: 12,000원

벌집삼겹살 CEO 이승환의

사람 부자 만들기

이승환

Contents

Contents

Chapter 4 사람 나고 돈 난다
문화를 파는 벌집삼겹살

Chapter 5 사람 부자를 꿈꾸다
사람을 버는 장사꾼이고 싶다

'사람 부자가 되거나 혹은
돈부자로 살거나'

아무리 노력해도 되지 않는 것이 있다.

내 경우엔 배신이 그렇다. 거절이 그렇다. 외면이 그렇다.

날개만 없을 뿐 내가 천사라서? 착한 이미지가 탐나서?

남들에게 멋지게 보이고 싶어서?

모두 틀렸다.

내가 그 입장에 서 봤기 때문이다.

초등학교 시절 가장 친한 친구가 내 책상 서랍 속에 있던 돈봉투에 손을 댔던 날, 훔친 것을 실토한 친구를 실컷 두들겨 패주고 돌아오면서 나는 꺼억꺼억 소리내며 울었다. 잃어버린 돈보다 친한 친구에게 배신당했다는 사실이 그렇게 서러울 수 없었다.

겨우 무명티를 벗고 개그맨으로 인기 좀 얻나 싶더니 난데없이 사업하겠다고 멀쩡한 둥지를 박차고 나왔을 때 그야말로 내 포부는 하늘을 찌를 듯했다. 한 달 벌이 40만 원짜리 무명 개그맨에서 대학로 공연으로 성공하며 1년 만에 10억이란 큰돈을 벌 수 있게 되면서 세상에 무슨 일이든 못 해낼 게 없겠다는 배짱으로 두둑했었다.

어려움이라면 남들 못지않게 겪었다고 자신하면서 다시 일어서는 법도 배운 줄 알았다. 그래서 불과 몇 년 만에 알토란같이 모아둔 사업자금을 모두 날렸을 때도 친형제처럼 지내던 사람들에게 거절당한 것만큼 절망적이지는 않았다. 하지만 함께 투자했던 사람들이 조용히 잠적해 그 빚을 고스란히 떠안고 나서야 나는 거절당하고 배신당한 나를 비로소 똑바로 바라보게 되었다.

"그동안 내가 사람들한테 얼마나 잘하면서 살아왔는데……."
모두 내게 등을 돌린 그날, 나는 한강 다리 위에 올라서서 한참을 울었다.
사업실패로 집안 곳곳에 붙은 압류딱지보다 배신이, 거절이, 외면이 세상 어떤 송곳보다 나를 아프게 후벼 팠다. 열심히 달려온 대가가 겨우 이것뿐이란 말인가. 20대를 볼모로 하루 10시간 이상 일하고 또 일했던 내 청춘을 다그치기도 하고 나를 울게 한 사람들을 향해 울분과 독기를 품기도 했다. 절망의 벼랑 끝은 무척 춥고 외로웠지만 따뜻하게 내 손을 잡아줄 사람이 없다는 것이 무엇보다 쓰리고 아팠다.
그러나 아이러니하게도 나는 사람을 통해 다시 일어섰다. 절망의 늪에서 나를 끌어준 것은 돈도 기회도 아닌 누군가의 따뜻한 손이었다. 그들이 전해준 온기 덕분에 내 삶 속의 오기와 독기가 빠지더니 그 자리에 사람들로 채워졌다. 이 사람이 그릇을 가져오면 저 사람이 쌀을 가져왔다. 꽉 막혀 풀리지 않던 사업도 술술 풀리기 시작했다. 혼자 하던 일을 둘 셋이 모여 했더니 힘은 덜 들고 성과는 곱절로 돌아왔다. 사람을 만나고 사람을 쫓아가니 돈이 쌓이기 시작했다. 그렇게 다시 일어선 지금, 나는 260개의 가맹점을 거느린 벌집삼겹살의 대표이사가 되었다.

이런 내가 혼자서 일어섰다고 감히 말할 수 있을까, 혼자 부자가 되었다고 자랑할 수 있을까. 결코 그렇지 않을 것이다. 나는 스스로 일어선 것이 아니라 주변 사람들의 도움으로 재기할 수 있었고, 혼자 부자가 된 것이 아니라 주변 사람들이 나를 부자로 만들어 준 것이다. 지금 생각해도 참 다행인 것은 과거에 내가 놓친 것이 실패가 아니라 '사람'이었다는 것을 깨달았다는 점이다. 그 뒤로 나는 돈보다 사람에 더 욕심을 내기 시작했다.

만일 당신이 나처럼 사람을 많이 가진 자가 부자라고 생각한다면, 이 책에 숨겨진 사람 부자의 비밀이 궁금해 견딜 수 없을 것이다. 그런 의미에서 나는 이 책이 다른 책들과 별다를 것 없는 돈 버는 비법서가 되기를 원치 않는다.

나처럼 가진 것 없고 마땅한 빽도 없지만 의욕과 열정으로도 풍요로운 삶을 찾아갈 수 있도록 알려주는 안내서라면 좋겠다. 이왕이면 부자로 만들어줄 사람들을 발견해 안목을 넓혀주는 책이 되면 더욱 좋겠다. 아무리 계략이 난무하고 편법이 판을 치는 세상이지만, 착하고 성실한 사람이 결국 이긴다는 말이 거짓이 아님을 보여줄 수 있으면 참 좋겠다.

젊음을 유희로 소비하고 아무런 준비 없이 청년실업과 맞닥뜨려 울상지어야 하는 20, 30대 젊은이들, 그리고 경기불황에 발목 잡혀 삶의 고통 속에 빠진 우리 시대의 소시민들이 이 책을 발판으로 해피랜드에 안착하기를 바란다.

투덜대면서도 언제나 내가 최고라고 말해주는 아내와 금쪽같은 두 아들, 그리고 사람 부자를 꿈꾸는 이들에게 이 책을 바친다.

2010년 3월 이 승 환

Chapter 1 돈부자를 꿈꾸다

내가 원하는 것은 돈이 아니었다. 돈보다 성공이 하고 싶어 미칠 것 같았다. 승승장구해 영원한 스타로 반짝반짝 빛나고 싶었다. 하지만 나의 한계를 깨달은 이상 개그맨으로서 계속 성공할 수 있을 것이라는 희망이 점점 사그라지자 더 이상 미적거릴 이유가 없었다. 나는 성공할 수 있는 곳으로 터전을 옮기기로 했다.

나도
꿈꾸었던
대박 신화

내 이름은 벌집삼겹살

"저 사람, 벌집삼겹살 아냐?"

요즘 사람들은 나를 보면 이렇게 수군거린다. '이승환'이라는 번듯한 이름이 있어도 사람들에게 나는 이승환이 아닌 벌집삼겹살로 보이는가 보다. 그렇다고 기분이 불쾌하거나 심정이 상하지는 않는다. 나를 보면서 내가 운영하는 고깃집인 벌집삼겹살을 떠올려준다면 오히려 내가 감사할 일이지 싶다.

사실 개그맨으로 활동했을 때도 나는 '이승환'으로 불린 적이 거의 없었다. 무명시절에는 이름을 불리울 일이 거의 없었고 얼굴이 알려진 다음에는 이승환보다 '느끼남'으로 더 많이 불렸기 때문이다.

그랬다. 나는 노란 비닐옷을 입은 개그맨 박준형과 정종철 사이에서 한껏 느끼한 표정과 말투로 사람들에게 웃음을 선사하던 갈갈이 삼형제의 '느끼남'이었다. 박준형이 무를 갈고 정종철이 기계 소리를 흉내내면서 아이들에게 박수를 받을 때, 나는 한껏 느끼한 표정으로 눈웃음을 지으며 여성 관객들의 인기를 한몸에 받았다.

쌍꺼풀이 짙고 이목구비도 뚜렷한 편인 나는 여성들에게 호감형으로 비춰질 수는 있어도 개그맨 외모로는 그다지 후한 점수는 받지 못했다. 솔직히 그리 인상적이지⑦ 못한 외모 덕분에 개그맨이 된 후에도 나는 별다른 존재감이 없었다. 게다가 겨우 받은 한 줄 대사도 제대로 소화하지 못해 기나긴 무명의 시절을 보내야 했던 내가, '느끼남'이라는 이미지와 절묘하게 맞아떨어진 것은 한마디로 행운이었다. 그렇게 이름이 알려졌을 때도 나는 느끼남이지 이승환은 아니었다.

그나마 내 이름이 제대로 불리게 된 것은 개그맨을 그만두고 사업가로 전업한 다음이었다. 사업을 하다 보니 여러 사람과 만날 일이 생겼고 자연스럽게 내 이름을 말하고 불릴 일이 많아졌다. 하지만 벌집삼겹살이 호황을 누리면서 그 대표가 개그맨 이승환이라는 사실이 알려지자 내 이름은 다시 '벌집삼겹살'이 되었다. 연예계를 떠나있던 시간이 제법 흘러서 그런가, 사람들은 나를 보면서 '느끼남'보다 '벌집삼겹살'을 먼저 떠올리는 것 같았다.

벌집삼겹살은 내가 경영하는 외식 프랜차이즈 삼겹살전문점의 상호다. 벌들이 벌집에 모여드는 것처럼 사업이 번창하라는 의미로 붙여진 상호이기도 하고, 삽겹살에 양념이 잘 배도록 벌집 모양으로 칼집을 낸 독특한 삼겹살 모양을 뜻하기도 한다.

이름 덕분인지 벌집삼겹살은 지난해 200억 원의 매출을 달성했다. 서민 음식인 삼겹살집 매출치고는 제법 단위가 큰 편이다. 서민들의 기호와 취향을 파악하는 일에 주력하고 여기에 나름대로 치밀한 마케팅전략을 더한 것이 적중했던 것 같다.

요즘 나는 살맛이 난다는 말이 어떤 기분인지 알 것 같다. 장사만 잘 된다면 나를 벌집삼겹살로 불러도 싫을 이유가 없다. 사업만 잘 된다면 계속 벌집삼겹살로 불려도 좋을 것 같다. 어려웠던 시절에 나를 일으켜 세워준 고맙고 사랑스러운 이름, 벌집삼겹살이 내게는 어떤 흥겨운 꽃노래 못지않기 때문이다.

나는 매일 새로운 사람들로 나의 하루가 꽉 채워지기를 바라는 마음으로 아침을 시작한다. 개그맨이었을 때는 오늘도 많은 사람을 웃겨야겠다는 생각으로 하루를 시작했다. 사업가가 된 지금은 하루 동안 많은 사람에게 맛있는 삼겹살을 푸짐하게 대접하겠다는 생각으로 아침을 연다.

벌집에 꿀을 모아 날아오는 벌떼처럼 많은 사람이 벌집삼겹살에 몰려와 시름과 근심, 푸념을 실컷 털어놓고 새로운 에너지를 빵빵하게 충전해 돌아갔으면 좋겠다. 왜냐하면 웃음 대신 고기를 파는 나는 행복한 벌집삼겹살 사장이니까.

사람 부자 되기 01

우리가 하루에 만나는 사람들은 몇 명이나 될까? 많으면 많은 대로 적으면 적은 대로 만나는 사람들에게 언제나 최선을 다하기는 어렵다. 특히 자주 얼굴을 보는 직장동료나 친구, 가족들일수록 함부로 성의없이 대하는 경우가 많다. 아무리 반짝거려도 내 손에 낀 구리반지가 다른 집 장롱 속 다이아몬드 반지보다 값지지는 않다. 서 말 구슬도 꿰어야 보배고 매일 보는 사람들도 귀하게 여겨야 귀한 가치를 갖는 법이다.

박수치는데 왜 떠나?

"이승환 씨, 이젠 개그맨 안 해요?"

요즘 만나는 사람의 열에 아홉은 나에게 이런 질문을 해온다. 사업을 하기 전에 내 본업이 개그맨이었으니 이런 질문을 받는 것이 어색할 건 없다.

그러나 이를 어쩐다? 나는 이제 무대 위에서 관객을 웃기지 않으니 더 이상 개그맨이 아니다. 그 일로 돈도 벌지 않으니 개그맨이 내 본업도 아니다. 그래서 나는 당당하게 "네, 이제 안 합니다!"라고 대답한다.

개그맨을 그만둔 나에게는 '사업가 이승환'이라는 새로운 직함이 생겼다. 개그맨이 아니라 100명의 본사 직원과 3,000명의 가맹점 직원을 거느린 ㈜벌집의 대표이사라는 타이틀을 가지고 새로운 삶을 살고 있는 것이다.

연예인 중에 본업 이외에 부업을 하는 경우가 많아 대표이사나 사장의 직함을 가지는 것이 대수롭지 않게 생각될 수도 있다. 하지만 나에게 '대표이사 이승환'이라는 직함은 조금 남다르다. 이 타이틀을 얻기 위해 죽을 결심도 해봤고 가진 것을 전부 잃어도 봤기 때문이다.

힘들게 얻어 소중한 것도 있지만 개인적으로 연말 연예대상을 탄 것 못지않게 값지다. 본업이었던 개그맨을 버리고 제2의 본업인 사업가로 인생의 행로를 바꾼 후 얻은 영광의 타이틀이기 때문이다. 또한 사업을 '부업'으로 여기는 투잡 연예인들과 달리 내게는 사업이 부업이 아닌 본업이라는 뜻도 된다. 그래서 목숨을 걸었고 죽기 살기의 심정으로 지금까지 달려올 수 있었다.

그렇다고 해서 나의 개그맨 시절이 그리 나빴던 것은 아니다. 전국민에게 내 얼굴을 알리게 해준 '갈갈이 삼형제'라는 코너를 통해 원 없이 인기도 얻었고 넘치도록 돈도 벌어봤다. 개그맨 박준형, 정종철 그리고 내가 함께 만든 갈갈이 삼형제는 KBS의 개그프로그램인 〈개그콘서트〉의 간판 코너였다. 그때의 인기란 말 그대로 '하늘을 찌를 듯'이라는 표현밖에 없을 정도로 내게는 엄청난 사건이었다.

거리에 나가면 순식간에 구름떼같은 팬들이 우리를 에워쌌다. 생방송 라디오프로그램에 나가서 "이렇게 비가 오는 날에는 달콤한 케이크가 생각나지 않아요?"라고 말하면 당장 스튜디오로 맛있는 케이크가 배달되었다. 음료수가 먹고 싶다고 하면 다음날 그 음료수가 상자째 배달되던 꿈같은 시절이었다.

특히 '느끼남'의 캐릭터였던 나는 여성팬들에게 인기가 좋아 유독 선물공세를 많이 받았다. 일부 극성팬 중에는 자동차를 선물하겠다는 제안을 해오기도 했다. 지금도 기억나는 한 중년 아주머니는 갈갈이 삼형제의 골수팬이었던 자신의 중학생 자녀를 말리려고 쫓아왔다가 우리의 열혈팬이 되기도 했다. 후에 갈갈이 삼형제의 팬클럽 회장까지 맡았던 그 아주머니는 계절이 바뀔 때마다 사슴이나 녹용엑기스를 챙겨주는 등 어머니처럼 우리를 자상하게 챙겨주곤 했던 기억이 아직도 생생하게 떠오른다.

1999년 대학로 소극장에서 개그 공연의 한 코너로 시작된 갈갈이 삼형제는 2002년 9월 첫 주 방송을 끝으로 총 198회를 녹화했다. 1년을 52주로 따지면 한 주도 방송을 거르지 않아야 꼬박 4년을 채울 수 있을 만큼 오랜 시간이었다.

당시 한 달에 겨우 40여만 원을 벌어가던 우리는 가난한 무명 개그맨이었다. 하지만 유료관객 세 명으로 시작한 개그 공연은 전석 매진으로 이어졌고 신문지 한 장 깔 자리만 있어도 관객은 들어왔다. 나중에는 우리가 공연할 수 있는 최소한의 공간만을 남긴 채 소극장 안이 관객으로 가득 찼다.

우리 말 한마디에 관객은 열광했고 몸짓 하나에도 폭소가 터졌다. 당시 갈갈이 삼형제의 맏형인 박준형은 앞니로 세상에 갈 수 있는 것은 모두 갈았다. 정종철은 세상의 기계란 기계 소리는 모조리 입으로 만들어냈고, 나의 느끼한 웃음에 넘어오지 않은 여심(女心)은 더 이상 여심이 아닐 정도(?)였다면 과장일까.

인기에 힘입은 우리는 '갈갈이 삼형제와 드라큐라' 라는 영화도 찍었다. 그 영화 덕분에 국민여동생 문근영 씨와 전주국제영화제에 VIP로 초청받았다. 더 놀라운 일은 어린이날 단골 특선영화였던 심형래 선배의 '영구와 땡칠이'를 '갈갈이 삼형제와 드라큐라'가 눌렀다는 것이다.

그때만 해도 '영구와 땡칠이'는 어린이날 황금 시간대에 방송되는 부동의 1위, 누구도 넘볼 수 없는 어린이 특선영화의 지존이었다. 하지만 갈갈이 삼형제의 아성에 그만 무릎을 꿇고 만 것이다.

영화뿐 아니라 음반시장까지 진출한 우리는 '겨울이야기'라는 노래로 당대 최고 인기그룹이었던 터보와 경쟁하기도 했으며 가요 순위 14위까지 오르는 기염을 토하기도 했다. 각종 방송프로그램 MC, 라디오 게스트, 하루 5개 이상의 지방행사까지 스케줄은 새벽까지 풀가동됐다. 몸이 열 개라도 모자랄 만큼 바빴고 더 이상 올라갈 곳이 없을 만큼 높이 올라갔던 우리는 한마디로 부러울 것이 없었다.

하지만 그렇게 화려한 시절을 뒤로 한 채 나는 2002년 9월 갈갈이 삼형제의 트레이드마크였던 노란색 무대의상을 벗었다. 내가 출연했던 마지막 방송 녹화는 무더운 8월, 2002 한·일월드컵 경기가 막바지로 치달을 때 진행됐다. 우리는 이탈리아 선수들과 싸우게 될 대한민국 국가대표팀을 위해서 '이탈리아'라고 쓰여있는 무를 힘껏 갈기도 했다. 그 덕분인지 우리나라 국가대표팀은 이탈리아를 누르고 8강에 진출하기도 했다.

그렇게 즐겁게 녹화를 마친 뒤 오랫동안 나를 팬들에게 각인시켜주었던 '느끼남'이라는 캐릭터를 미련없이 벗어던졌다. 사람들은 나에게 "모두 잘한다고 박수치는데 왜 떠나려고 하느냐?"며 의아해했다.

하지만 모두가 박수를 치는 절정의 순간이 떠날 타이밍이라는 생각에는 지금도 변함이 없다. 정작 떠날 때 아무도 나에게 박수쳐주지 않는다면 그것만큼 서글픈 일은 없을 테니까 말이다. 나는 모두가 박수쳐줄 때 떠나고 싶었다.

사람 부자 되기 02

팀플레이를 해야 했던 갈갈이 삼형제의 멤버 중 하나였던 내가 탈퇴를 선언한 것은 나머지 두 멤버에게 적지않은 혼란을 줄 수 있었을 것이다. 더 이상 갈갈이 삼형제로 활동하는 것이 불가능했기 때문이다. 하지만 박준형과 정종철은 새로운 인생에 도전하고자 하는 내 마음을 읽어주었다. 그래서 나는 서로의 진심이 전해진 그때를 나와 그들 사이에 절정의 시간으로 기억한다. 나의 갈 길 옆에서 박수를 쳐주는 동료를 가지고 있다면 이미 든든한 밑천을 확보한 셈이다.

I'll be back!

　내가 개그맨을 그만둔 것은 결코 일시적이거나 즉흥적인 결정이 아니었다. 물건을 살 때도 나는 매우 신중하게 고르는 편이다. 요모조모 따져보고 계산기도 두드리며 고르고 또 고른다. 그렇게 구입한 물건은 마르고 닳도록 즐겁게 사용한다. 하물며 어떤 결정을 내릴 때 한순간의 감정에 이끌리는 무모한 행동은 한마디로 내 스타일이 아니다.

　게다가 나는 KBS 공채 개그맨 출신이다. 지금도 마찬가지겠지만 방송국 공채는 경쟁률이 어마어마할 만큼 높다. 1997년 나는 4,000대 1의 경쟁을 뚫고 당당히 방송국에 입사했다. 박준형, 임혁필, 박성호 등이 그때 나와 함께 들어온 공채 13기 동기들이다.

　어렵게 방송국에 들어와 5년이라는 긴 무명시간을 견디고 겨우 인기 개그맨이 된 내가, 그 일을 그만두기가 어디 쉬웠겠는가. 할 수만

있다면 가장 행복했던 그 순간을 박제해 오래오래 묶어두고 싶을 정
도로 개그맨으로서의 삶은 무엇과도 바꿀 수 없을 만큼 소중한 시간
이었다.

그럼에도 불구하고 개그맨을 그만두기로 결정한 것은 오랫동안 준
비해왔던 개그맨 이후의 삶을 시작할 때라는 판단 때문이었다. 내 눈
으로 보고 귀로 들은 연예계 생활의 한계를 낱낱이 목격하면서 언제
까지 개그맨으로 활동할 수 있을지 확신이 서지 않았다. 연예인이라
면 누구나 공감하는 말이 있다.

"인기는 결코 영원하지 않다."

넘치면 흐르고 올라가면 내려와야 하는 자연의 법칙은 연예계에도
예외 없이 적용되었다. 갈갈이 삼형제가 점차 소재 찾기에 어려움을
겪게 되면서 나는 부지런히 몇몇 새로운 코너개발에 몰두했다. 하지
만 대부분 6개월을 넘기지 못한 채 막을 내리고 말았다. 어떤 코너도
갈갈이 삼형제를 뛰어넘지 못했다.

게다가 개그에 대한 내 열정의 100퍼센트를 쏟아 부어도 그에 걸맞
는 결과를 얻지 못하는 방송 현실도 나를 지치게 했다. 내가 아무리
기발한 아이디어를 내더라도 그것이 내 이미지와 맞지 않으면 그것은
더 이상 내 것이 아니었다. 대표적인 것이 바로 개그콘서트의 '생활사
투리' 코너였다.

전라도 전주 출신인 나는 사투리에 익숙한 편이다. 서울에 올라와
생활한지 오래되면서 자연스럽게 사투리를 고치긴 했지만 지금도 고
향 친구들을 만나면 나도 모르게 걸진 전라도 사투리가 나오곤 한다.
그런 일화를 토대로 짜낸 것이 바로 '생활사투리' 라는 코너였다. 주

변에서도 재미있다는 반응을 보이자 나는 바로 담당PD에게 선보였다.

"재미있네, 그런데 승환이가 사투리 하면 좀 안 어울리지 않을까?"

결국 그 역할은 내 후배들에게 돌아가고 말았다. 이유인즉 내 외모가 사투리와 어울리지 않는다는 것이었다. 그 코너를 맡은 후배들은 한마디로 대박이 났다. 그밖에 '청년백서'라는 코너도 같은 이유로 입사 동기인 박준형, 임혁필, 박성호 등이 하는 모습을 지켜봐야만 했다. 그때처럼 내 외모가 개그에 큰 걸림돌이 된다는 사실을 절감한 적은 없었다.

방송국에 입사했을 때 개그맨실에서 나는 김한국, 배동성 선배를 잇는 이른바 '꽃남 계보'의 막둥이였다. 하지만 개그맨에게는 '개그맨다운 외모'가 따로 있었다. 영화배우는 멋진 외모가 플러스로 작용하지만 개그맨은 마이너스에 가깝다. 개그맨의 외모로 평가한다면 나는 확실히 플러스보다 마이너스 쪽이었다. 아무리 기발한 아이디어로 무장한들 박준형이나 정종철의 개그적 외모를 뛰어넘을 수 없었다.

피부가 까무잡잡한 박준형이 아프리카 사람으로 분장을 하고 나와 엉터리 아프리카말로 떠들면 사람들은 배꼽을 잡으며 좋아했다. 반응이 좋으니 박준형의 엉터리 아프리카 대사는 더 많아졌다. 그냥 바라만 보고 있어도 큭큭 웃음이 나오는 '옥동자' 정종철은 더 말할 것도 없었다. 그럴수록 나는 그들의 외모가 큰 재능⑺처럼 느껴졌다. 물론 나의 부진이 전적으로 외모 탓만은 아니었을 것이다. 하지만 그들은 그냥 넘어지기만 해도 배꼽을 잡으며 웃어주면서 내가 열 번 넘어져도 한두 번 겨우 웃어줄까 말까 하는 관객들이 야속하기만 했다.

결국 버라이어티 프로그램의 MC로 갈아타지 않는 이상 개그맨으로

서의 내 생명은 끝이 보였다. 하지만 버라이어티로 진출한다는 것 역시 녹록한 일이 아니었다. '개그의 신'으로 불리던 강성범이나 심현섭 선배도 버라이어티 프로그램의 진행자로 자리잡지 못하면서 안타깝게도 빛나는 재능을 이어가지 못한 것처럼 말이다.

그럼에도 불구하고 돈을 벌고 싶었다면 나는 개그맨으로 그냥 남아 있었을 것이다. 이름이 어느 정도 알려졌으니 크고 작은 행사만 찾아다녀도 밥은 먹고 살 수 있을 터였다. '느끼남' 이미지를 평생 우려먹으면서 근근히 살아갈 수 있을지도 몰랐다.

그런데 내가 원하는 것은 돈이 아니었다. 돈보다 성공이 하고 싶어 미칠 것 같았다. 승승장구해 영원한 스타로 반짝반짝 빛나고 싶었다. 하지만 나의 한계를 깨달은 이상 개그맨으로서 계속 성공할 수 있을 것이라는 희망이 점점 사그라지자 더 이상 미적거릴 이유가 없었다. 나는 성공할 수 있는 곳으로 터전을 옮기기로 했다.

그때부터 나는 개그맨 이후의 삶에 대해 나름대로 치밀한 준비를 시작했다. 이왕이면 개그맨으로서 나쁘지 않은 때에 떠나 다른 분야에서 화려하게 성공해 보이고 싶었다. 그것이 개그를 사랑했던 젊은 날의 나에 대한 예의처럼 느껴졌다. 그리고 다시 멋지게 정상에 오른 뒤 금의환향하고 싶었다.

"I'll be back!"

나의 새로운 도전을 걱정하고 우려하는 사람들 품으로 다시 돌아왔을 때, 나는 분명히 멋지게 날고 있을 것이었다. 그때는 개그맨도 사업가도 아닌 인간 '이승환'으로서 제대로 평가받을 수 있을 것 같은 자신감으로 채워졌다.

사람 부자 되기 03

　가장 친한 친구나 동료에게 상대적인 열등감을 느끼는 것은 참 괴로운 일이다. 그런 경우 상대와 관계가 불편해지거나 심한 경우 소중한 사람을 잃기도 한다. 이때 나의 눈과 귀를 보다 활짝 열면 사람을 잃는 일만큼은 피할 수 있다. 상대가 나보다 나은 점이 무엇인가를 열심히 보고, 들으면 나의 부족한 점이 드러나게 되고 인간관계에서 결정적인 충돌을 막을 수 있기 때문이다.

롤모델을 찾다

연예인이라면 누구나 부업에 대한 관심과 욕심이 있다. 한 치 앞을 내다볼 수 없는 연예활동보다는 노력한 만큼의 결과를 얻을 수 있는 사업에 너도나도 도전장을 내미는 탓이다.

나는 '갈갈이 삼형제'로 대학로와 방송국에서 한창 주가를 올리고 있을 때, 주변에서 소위 잘 나간다는 연예인이라면 너나없이 부업을 준비하는 모습을 자주 봐왔다. 그들이 선호하는 부업이란 대부분 고깃집이나 순댓국집, 레스토랑 등 요식업 일색이었다. 방송국 근처나 공기 좋은 교외, 혹은 도심의 중심지에 다양한 종류의 음식점이 연예인 이름을 앞세워 간판을 걸었다.

그때만 해도 나는 개그에 올인하던 터라 부업을 하는 연예인이 잘 이해되지 않았다.

“저렇게 잘 나갈 때, 다른 곳에 신경쓰지 말고 일을 좀더 열심히 하면 더 좋을텐데…….”

부업을 시작하면 한곳에 집중하지 못할 것이고 그렇게 되면 본업에도 지장을 줄 것이 뻔해 보였기 때문이다. 그것은 한 가지밖에 생각할 줄 모르는 내 성격 탓도 컸다. 나는 신발이 좋으면 신발만 보고 재미있는 프로그램은 질리도록 보고 또 본다. 음식이 입에 맞는 집은 문턱이 닳도록 다니고 좋아하는 메뉴가 생기면 줄창 그것만 시켜먹는다. 하지만 언젠가 나도 개그를 그만두면 사업을 해야겠다는 생각을 갖게 되자 그 마음이 십분 이해가 됐다.

특히 많은 선배나 동료 개그맨들이 부업을 시작하는 경우가 많았는데 그것은 가수나 탤런트보다 설 수 있는 무대가 현저히 적기 때문이었다. 지금은 개그맨이 예능이나 버라이어티 프로그램으로 진출할 수 있는 기회가 넓어졌지만 내가 활동할 때만 해도 상황은 더욱 열악했다. 개그맨이 설 수 있는 무대는 KBS 〈개그콘서트〉와 유사한 방송 3사의 공개녹화 형식의 개그프로그램이 전부라고 해도 과언이 아니었다.

상황이 이렇다 보니 개그계에서 먹고사는 일은 피 터지는 전쟁터를 방불케 했다. 매년 신인 개그맨들이 방송 3사를 통해 쏟아져 들어오고, 한정된 프로그램을 두고 기존의 많은 개그맨들이 신인들과 섞여 생존경쟁에서 살아남아야 했던 것이다.

그러다 보니 빠르게 바뀌는 개그의 흐름을 쫓아가지 못하는 선배, 동기, 후배 개그맨 중에는 출연기회가 적어지면서 생계에 곤란을 겪는 경우가 적지 않았다. 일찌감치 다른 분야로 전업을 하거나 아예 야간업소 활동을 주로 하며 생계형 연예인으로 살아가는 경우는 그나마 사정이 나은 편이었다. 야간업소에서 활동하고 싶어도 공중파 방송에서 어느 정도 얼굴을 알려야 하니, 이도 저도 아닌 사람은 그야말로 목구멍이 포도청이라는 말이 절절하게 와 닿을 수밖에 없다.

그런 사정을 보고 들은 나 역시 미래에 대비하지 않을 수 없었다. 젊어 고생은 사서도 한다지 않던가. 그깟 고생이라면 기꺼이 사서 하리라 결심했다. 인기는 결코 영원하지 않을 것이고 앞으로 내가 활동할 수 있는 시간을 꼽아보니 길어야 10년 정도였다. 내가 살 수 있는 나이를 평균연령 85세로 가정한다고 해도 일할 시간이 너무 많이 남는다는 계산이 나왔다. 노후대비를 제대로 하지 못한 초라한 말년은 상상도 하고 싶지 않았다. 그렇다면 결론은 전업하는 길밖에 없었다.

새로운 직업을 찾겠다고 생각하자 머릿속에 여러 가지 그림들이 떠올랐다. 서른을 넘긴 나이에 다른 곳에 취직한다는 것은 사실상 불가능했다. 이미 이름이 알려진 개그맨으로 10년을 살아왔고 나의 재능을 그곳에 모두 쏟아부었기 때문이다. 그렇다면 더 늦지 않은 시기에 새로운 분야에 도전하는 것이 좋겠다는 생각이 들었고 이왕이면 멋진 사업체를 이끄는 대표가 되고 싶었다.

사업을 하겠다고 마음먹자 머릿속에 가장 먼저 떠오르는 사업아이템은 공교롭게도 요식업이었다. 부담없이 시작할 수 있는 사업이기도 했고 먹는 장사는 망하지 않는다는 속설도 내 귀를 솔깃하게 했다. 어느 정도 이름이 알려졌으니 '아무개가 운영하는 집'이라는 입소문만 잘 나면 대박집 사장님이 되지 말란 법도 없지 않은가.

개그계 선배들만 보더라도 이미 다양한 분야의 요식업에 진출하고 있었다. 개그맨 김진수 선배는 태국요리전문점을, 강호동 선배는 이미지에 걸맞게 고깃집을 운영하고 있다. 억척아줌마 배연정 선배는 소머리국밥집으로, 최양락 선배의 부인이기도 한 팽현숙 선배는 곱상한 외모와 달리 순댓국집으로 짭짤한 재미를 보고 있었다. 레스토랑에 이어 김학래, 임미숙 선배 부부가 운영하는 중식당은 줄을 서야 들어갈 수 있을 만큼 소문난 맛집으로 명성이 자자하다.

하지만 막상 시장조사를 해보니 연예인이 외식업으로 대박나는 경우는 그리 많지 않았다. 개그맨 이봉원 선배가 여러 차례 요식업에 손을 댔다가 실패를 맛봤다는 것은 이미 전 국민이 다 아는 사실이다. 이창명 선배는 음식장사로 여러 번 실패를 맛본 후 자신의 실패기를 책으로 펴내기도 했다. 2002년부터 포장마차, 순댓국집 등 다양한 요식업에 도전했던 개그맨 강성범은 다시는 사업을 하고 싶지 않다고 말할 정도로 번번이 실패의 쓴잔을 맛봐야 했다.

오랜 생각 끝에 나는 다른 연예인들이 잘 하지 않는 분야에 도전해보기로 마음을 고쳐 먹었다. 쉽게 시작하는 만큼 실패율이 높은 것이 요식업이었고 이왕 새롭게 시작하는 사업이라면 남들과 다른 분야에 도전해보고 싶었다. 결과적으로 삼겹살체인점 대표가 되었지만 사업구상 초기만 해도 이 같은 생각은 확고했다.

그때 내가 롤모델로 삼았던 사람이 개그맨 주병진 선배였다. 한창 인기를 구가하던 주병진 선배는 아무도 예상하지 못한 언더웨어 사업에 뛰어들어 큰 성공을 거둔 개그맨 출신 사업가다. 당시만 해도 속옷 사업이라는 것이 대중에게 크게 어필하는 사업도 아니었고 개그계의 신사로 불리던 주병진 선배의 이미지와도 잘 맞지 않아 보였다.

하지만 누구보다 진지하게 사업에 몰두한 주병진 선배는 개그맨에서 사업가로 완벽한 변신에 성공하는 모습을 보여주었다. 그 점이 내가 주병진 선배를 롤모델로 삼은 이유였다. 주병진 선배처럼 완벽하게 사업가로 전업하고 싶었고 나도 그처럼 성공한 CEO가 되고 싶었다. 그리고 성공은 타고난 능력이 아니라 하고자 하는 일을 포기하지 않는 사람의 것이라는 말을 수없이 곱씹었다.

사람 부자 되기 04

한 분야에서 쌓은 전문성을 다른 분야에서 똑같이 쌓는 일은 일종의 모험이다. 시간과 경제적 부담도 크고 무엇보다 쌓아온 인간관계를 처음부터 다시 쌓아야 하기 때문이다. 하지만 새로운 분야에서 차근차근 전문성을 쌓는다면 두 개의 전문성을 아우르는 전문가가 될 수 있다. 그에 따라 인적 네트워크가 풍성해짐은 두말할 나위도 없다. 그러므로 새로운 도전은 주저할 일이 아니라 시도할 일이다.

사업도 '지피지기' 해야 백전백승!

어릴 때부터 나는 돈 버는 일이 그렇게 재미있을 수 없었다. 공부가 제일 쉽다는 학창시절에도 나는 돈벌이가 공부보다 더 쉬웠다. 이렇게 보면 돈벌이에 재능이 있다고 해야 하는 걸까.

개그맨으로 데뷔하기 전에 내 직업은 레크레이션 강사였다. 그쪽 업계에서 제법 이름도 알려져 공채 개그맨으로 활동할 때보다 수입이 훨씬 좋았다. 고등학교 졸업을 앞두고 나는 제일 먼저 레크레이션 강사 자격증을 땄다. 국가에서 지원해주는 3주 속성과정의 직업훈련학교에 등록했던 것이다. 대학 입학을 앞둔 친구들은 당구를 배운다, 퍼머를 한다, 여자친구를 사귄다며 또래 남자들이 으레 둘만한 관심사에 쏠려 있었다.

그런데 이상하게 나는 그 시간이 아깝게만 느껴졌다. 직업훈련 과정을 들으면 적지만 교통비도 받을 수 있고 자격증까지 딸 수 있는데 그 좋은 강좌를 듣지 않는 친구들이 오히려 이해되지 않았다. 결국 교육생 중에서 유일하게 고등학교 졸업예정자였던 나는 수강생들 사이에서 최연소로 레크레이션 자격증을 딸 수 있었다.

일단 자격증을 따고 나니 어떻게든 써 먹고 싶은 마음이 들었다. 하지만 신참내기 레크레이션 강사를 채용해 줄 곳이 있을 리 없었다. 레크레이션 강사는 입담이 좋거나 유머감각이 뛰어난 것만이 능사는 아니었다. 무엇보다 현장 진행능력이 뛰어나야 했는데 이것은 경력과 노하우가 많을수록 유리했다.

그러다 우연히 한 연수원에서 레크레이션 강사를 구한다는 소식을 접했다. 어느 기업체의 연수를 진행하는 동안 휴식시간 10분을 즐겁게 해줄 레크레이션 강사가 필요하다는 것이었다. 하지만 2박 3일 동안 연수원에 머무르는 조건에 수고비도 20만 원 남짓으로 조건이 좋지 않아 경력 많은 베테랑 강사보다 나 같은 '초짜'들에게 절호의 기회인 셈이었다.

나는 찾아온 기회를 놓치고 싶지 않았다. 친구들은 2박 3일 동안 겨우 20만 원이냐며 시큰둥했지만 내 생각은 달랐다. 유익한 세미나도 듣고 비록 10분이지만 내 능력을 시험해볼 수 있는 실습무대로 삼을 수 있는 데다 20만 원의 수입도 올릴 수 있다는 것이 횡재처럼 느껴졌다. 무엇보다 그 행사 이후로 나는 '초짜'를 면한 레크레이션 강사가 되었으니 남아도 한참 남는 장사였다.

반응이 좋았던지 나는 같은 연수원에서 일주일에 2개 연수팀의 레크레이션을 진행할 수 있게 되었다. 특히 연수팀 중에서 영농후계자

팀의 반응이 폭발적이었는데, 연수를 받고 각자 마을로 돌아간 영농 후계자들은 마을잔치나 행사가 있을 때마다 와달라는 부탁을 해 그때부터 본격적으로 일거리가 늘기 시작했다. 나중에는 혼자 감당하기가 어려워 사람을 뽑아 행사에 보내줘야 할 만큼 바빠졌다. 덕분에 나는 대학 다니는 동안 학비나 용돈 걱정을 해본 적이 없을 만큼 항상 주머니가 두둑했었다.

돈을 벌려면 돈벌이가 될 만한 일을 찾아내는 것이 가장 중요하다. 그 다음엔 그것을 위해 무엇을 해야 하는지 머릿속에 그림이 착착 그려져야 한다. 이것을 멋진 말로 하면 사업가적 기질 혹은 사업가적 마인드다.

갈갈이 삼형제로 제법 이름이 알려지기 시작했을 때, 내가 가장 먼저 한 일이 '갈갈이'라는 이름의 상표등록권을 신청하는 것이었다. 혹시 나중에 '갈갈이'라는 이름이 많이 사용될 때를 대비해서였다. 함께 했던 박준형이나 정종철은 "얼마나 인기가 있을라구? 번거롭게 그렇게까지 해?"라며 나를 의아하게 봤다. 하지만 훗날 쓸 때가 있을 것이라는 내 말이 맞았다.

갈갈이 삼형제가 막 이름을 알리기 시작하면서 전북 익산에 갈갈이라는 브랜드로 17평짜리 작은 바를 열게 된 것이다. 활동을 하느라 바빴던 나는 동생 앞으로 가게를 차려주어 운영하게 했는데, 제법 장사가 잘 되어서 자본금 3천만 원을 금세 뽑고도 월매출이 6~7천만 원을 웃돌만큼 대박이 났다. 장사가 잘 되자 욕심을 부린 것이 화근이 되어 6개월 만에 가게를 접어야 했지만, 그 고비를 잘 넘겼더라면 갈갈이라는 브랜드로 외식 프랜차이즈업을 해볼 욕심도 부려볼 수 있었을 것이다.

일찌감치 갈갈이 삼형제의 상표등록권을 등록한 진짜 이유는 내 것은 내가 지키고 싶다는 생각 때문이었다. 사업가라면 자신이 누릴 수 있는 정당한 권리와 가진 것을 지켜야 할 의무를 게을리하면 안 된다는 것이 내 생각이다. 그래서 브랜드 가치를 높일 수 있다고 생각하는 것에는 언제나 상표 등록권을 잊지 않는다.

주변에서 사업을 하고 싶어하는 사람들은 "그래도 먹는 장사가 낫지", "요즘 뭐가 돈이 되나?", "예쁜 카페 주인이 근사하지 않아?"라며 생각나는 대로 청사진을 늘어놓기 일쑤다. 대부분 구체적인 계획도 없는 뜬구름 잡는 얘기들뿐이다.

먹는 장사는 섣불리 시작했다가는 원금마저 잃은 채 허망하게 자리 털고 나올 수도 있다. 어떤 사업이 유망하다고 해서 무조건 유행을 좇는 것은 쪽박으로 가는 급행열차를 타는 것과 다름없다. 유망한 사업은 경쟁이 치열하고 남들보다 우위에 서려는 피나는 노력이 있어야 그 경쟁에서 이길 수 있기 때문이다.

근사한 카페주인은 사업 초보자들이라면 누구나 꿈꾸는 로망이다. 하지만 이것도 한마디로 빛 좋은 개살구다. 깨끗한 인테리어를 하기 위해 드는 투자비용을 뽑으려면 배보다 배꼽이 커질 우려가 있다. 게다가 카페는 어떤 영업장보다 손이 많이 가는 곳이다. 하루 종일 깨끗한 매장을 유지하려면 허리가 휘도록 쓸고 닦아야 하는 것은 기본이다. 게다가 요즘처럼 전문가 뺨치는 커피 마니아들의 입맛을 잡으려면 커피 박사 학위를 받아도 모자랄 판이다.

그래서 사업을 시작하려면 무엇보다 자신의 상태를 파악하는 게 가장 중요하다. 손자병법에 이런 말이 있지 않은가. "적을 알고 나를 알아야 백 번 싸워도 백 번 이긴다!"고. 어떤 아이템으로 사업을 할 것인가도 중요하지만 내가 잘할 수 있는 사업이 무엇인가를 아는 일이야말로 사업의 성패를 좌우한다. 그런 점에서 자신에 대해 잘 알고 있다는 것만큼 큰 사업 밑천은 없다.

가장 좋은 사업은 자신이 가장 잘할 수 있는 분야에서 고르는 것이 바람직하다고 했겠다, 그렇다면 나는 무엇을 잘할 수 있을까. 그러자 한 가지 머릿속에 떠오르는 것이 있었다.

사람 부자 되기 05

사람은 관계를 통해 배우고 성장한다. 관계를 맺기 위해서는 언제나 최초의 관계를 어떻게 맺을 것인가가 중요한 포인트. 이때 머릿속에서 계산기를 두드리며 손익계산서를 따지는 것은 금물이다. 나중 장사를 위해 처음 장사는 언제나 손해 본다 생각하는 것이 오히려 마음 편하다. 주변을 둘러보면 한 치도 손해 보기 싫어하는 사람 곁에는 사람을 찾아보기 어렵다는 것을 알 수 있다.

에듀몬TV로 교육사업에 출사표 던지다

갈갈이 삼형제는 유난히 어린이 팬이 많았다. 아이들은 갈갈이 삼형제의 캐릭터가 재미있었는지 우리의 말투나 표정, 몸짓을 따라하며 흉내내는 것을 좋아했다. 어디를 가더라도 우리는 아이들에게 인기 만점이었다.

아이들과 친숙한 캐릭터이다 보니 자연스럽게 어린이프로그램을 진행할 기회도 많았다. 대표적인 것이 KBS 〈갈갈이의 신나라 과학나라〉라는 어린이프로그램이었다. 갈갈이 삼형제가 진행했던 이 프로그램은 어린이 수준에 맞는 과학상식과 실험을 다루는 것이 주요 내용이었다. 초기에 갈갈이 삼형제가 함께 진행을 하다가 내가 이어받으면서 단독으로 250회까지 진행했었는데, 개그맨을 그만두고 나서도 이 프로그램만큼은 미련을 버리지 못해 진행을 계속했던 유일한 공중 파 프로그램이기도 하다.

'개구리는 왜 올챙이랑 모양이 다를까?', '달은 왜 밤에만 뜰까.'

내가 이같은 궁금증을 알기 쉽고 재미있게 설명해주면 듣고 있던 아이들의 눈동자가 초롱초롱 빛났다. 아이들은 자신들이 좋아하는 개그맨 아저씨의 설명에 쉽게 빠져들었다. 교육적 효과를 위해 프로그램 선별에 까다로운 엄마들도 〈갈갈이의 신나라 과학나라〉의 유익함을 인정하며 각별한 애정을 보이기도 했다.

프로그램을 진행할수록 나는 조금씩 교육시장에 마음이 끌리기 시작했다. 우리나라 교육시장은 불황에도 무너지지 않는 황금시장이라고 해도 과언이 아니다. 무엇보다 우리나라 학부모의 교육열은 자타가 공인하는 세계 1등감이다. 좋은 대학에 진학하기 위해 고3 학생들이 지방에서 서울로 올라오는 일은 이제 너무 자연스럽다. 요즘에는 특목고나 예술중학교에 입학하기 위해서 재수나 홈스쿨링도 마다하지 않는다고 한다. 심지어 좋은 사립초등학교에 입학하기 위한 물밑작업은 치열하다 못해 뜨거울 정도라고 들었다.

이 같은 과열 현상은 시장에서 바라보면 돈이 된다는 뜻이기도 하다. 유별난 자녀교육열은 교육비만큼은 우선적으로 지불하는 열의가 있음으로 해석할 수 있기 때문이다. 얼마 전 뉴스에 따르면 우리나라 가계지출 중 사교육비 지출은 1위로 지난해 20조를 넘었고 올해는 30조를 바라볼 것이라고 한다. 두 아이의 아버지인 나도 아이들의 교육만큼은 부족함 없이 지원해주고 싶은 것이 솔직한 마음이다.

당시에 교육시장에 관심을 가지고 있던 나는 유아와 초등학생을 대상으로 놀이와 공부를 결합한 에듀테인먼트의 교육시장에 대한 감이 왔다. 전국 어린이집, 유치원, 유아학원만 10만 개가 넘었고 우리나라 교육시장은 연간 2조 원이 넘는 거대시장이다. 첫 번째 사업이라면 큰 시장을 공략하고 싶었다. 이왕이면 큰 물에서 놀아야 고래도 보고 상어도 볼 것 아닌가.

어린이프로그램을 진행한 경험도 내 자신감을 부추겼다. 적어도 아이들이 좋아하는 것을 찾아낼 수 있을 것 같았다. 다행히 아이들도 나를 친근하게 여겨 어른인 나를 자신의 눈높이에 맞는 친구로 대하는 것 같았다. 아이들은 유치원 행사에 가면 쉬는 시간에도 내 배 위로 올라와 쉴 새 없이 떠들고 종알거렸다. 그런 아이들의 맑은 눈망울을 바라보고 있으면 나도 온몸이 무장해제되는 기분이었다. 아이들과 눈높이가 같아지니 그들이 원하는 것이 눈에 보이기 시작했다.

당첨! 나는 교육사업가로 제2의 인생에 도전장을 내밀기로 했다. 교육사업 중에서도 나는 교육시스템에 먼저 관심이 갔다. 교육시장을 제대로 공략하려면 어떻게 상품이 유통되는지 알 필요가 있기 때문이었다. 우선 시간이 많이 드는 콘텐츠 개발사업보다 유통 쪽에서 교육시장의 감각을 익히기로 한 나는 마땅한 아이템을 찾다가 디지털학습기 임대업으로 최종낙찰을 보았다.

막상 교육시장을 공략하려고 보니 전문적인 식견을 가진 파트너가 필요했다. 어린이프로그램 방송진행 경험만으로 교육시장을 공략하기에는 아무래도 역부족이었다. 그러던 차에 연예인 축구단에서 오랫동안 친분을 나눠온 고충령 선배와 의기투합하기로 의견을 모았다.

고충령 선배는 서울대 교육학과 출신의 재원으로 강변가요제에 〈색

종이〉라는 그룹으로 출전했던 전직 가수이기도 하다. 7년 전부터 돈독한 우정을 쌓아오고 있던 고충령 선배와 나는 이미 3년 전부터 교육시장을 관심 있게 지켜보던 중이었다.

우리는 곧바로 에듀몬TV라는 법인을 차리고 4~7세 영유아용 교육콘텐츠를 저장한 셋톱박스를 임대 및 판매하는 사업체의 모양새를 갖추었다. 셋톱박스란 비디오 서버로부터 전송된 신호를 영상이나 음성으로 복원해주는 장치를 말한다. 당시만 해도 지금처럼 디지털기기가 보편화되지 않던 시절로 학습지는 평면적이고, 인터넷 교육 사이트는 로그인하고 사이트 띄우는 것이 복잡해 유아들의 접근이 어려웠다. 하지만 셋톱박스는 TV와 연결만 하면 얼마든지 교육용 콘텐츠를 활용할 수 있었다.

쉽게 말해서 우리는 영어 · 전자책 · 유치원 교육프로그램 등을 저장한 디지털 셋톱박스를 TV에 연결해서 보는 교육시스템을 임대해 주는 사업에 뛰어든 것이다. 이 사업이 자리를 잡으면 교육용 콘텐츠를 교재와 DVD로 만들어 판매하고 초등학생을 대상으로 서적도 출판한다는 것이 나의 사업 구상이었다.

획기적인 교육기자재라고 판단한 우리는 시장에서 충분한 경쟁력이 있다는 자신감으로 가득찼다. 콘텐츠는 온라인 교육사이트인 패밀리스쿨과 에듀스토리, e퓨처 등 3곳에서 제공받으며 계속 업그레이드하기로 했으니 앞으로 어떻게 팔 것인지의 문제만 남았다.

사람 부자 되기 06

　사랑은 관심에서 시작된다. 누군가를 좋아하면 그 사람의 일거수 일투족이 관심의 대상이 된다. 사업도 사람을 얻는 일이기에 사랑과 다르지 않은 것 같다. 관심 있는 분야나 사람을 향한 애정어린 시선이 성공으로 가는 첫 번째 관문이 아닐까.

'바지사장', '얼굴마담'은 NO!

아무리 물건을 잘 만들어도 잘 팔지 못하면 말짱 도루묵이다. 결론은 마케팅이라는 뜻이다. 그런데 마케팅 전략을 잘 짜려면 무엇보다 타깃마켓을 정확히 파악하는 게 중요했다.

셋톱박스 임대업의 주요 타깃은 4~7세 미취학 어린이였다. 그렇다면 타깃마켓은 전국 유치원과 어린이집이 될 것이었다. 여기에 보육기관과 홈스쿨센터까지 마켓 안에 넣어보니 보육기관만 어림잡아 10만 개가 넘었다.

어떻게 해야 188만 원짜리 셋톱박스를 놀이방과 유치원 등에 직접 판매할 수 있을까. 이것이 성공해야 디지털 공부방을 프랜차이즈로 확장할 수 있었다. 우리는 머리를 맞대고 갖가지 궁리를 했다. 하지만 이름도 생소한 업체의 교육프로그램을 제 발로 찾아와 사주지 않으리란 것은 불 보듯 뻔한 일이었다.

개그맨 생활을 은퇴하고 시작하는 첫 사업인 만큼 실패하고 싶지 않았다. 무엇보다 내가 가장 경계했던 것은 얼굴이나 이름만 빌려주는 소위 '얼굴마담'이나 '바지사장'은 되지 말자는 것이었다. 이름만 빌려주는 반쪽짜리 사장을 포기하고 직접 사업아이템을 찾고, 투자해 회사를 만들고 영업까지 전방위로 뛰는 사업가가 되는 쪽을 택한 것도 이런 이유 때문이었다.

묘책이 없을 때 최고의 비책은 정공법이었다. 나는 셋톱박스를 짊어지고 몸으로 부딪쳐보기로 했다. 개그맨 시절, 써먹던 아이디어 탱크도 가동해 전단지 문구도 직접 작성했다. 그리고 100여 곳의 유치원과 어린이집 원장님, 학원, 태권도장 등을 돌며 직접 상담과 시연을 해보였다.

"어……, 혹시 갈갈이 삼형제?"

"맞아요, 느끼남 이승환입니다!"

유치원이나 어린이집 현관에 들어서면서부터 나는 느끼남의 다양한 유행어부터 보여주었다. 다행히 나를 영업사원이 아닌 개그맨으로 보았는지 원장님들은 내 방문을 호의적으로 받아주었다. 나는 대뜸 "더도 말고 딱 한 시간만 아이들과 놀 수 있게 해주십시오!"라고 부탁했다.

처음에 당황했던 원장님들도 이내 경계심을 풀고 내 부탁을 선뜻 수락해 주었다. 그쪽 입장에서 마다할 이유가 없었다. 정규프로그램이 끝난 유치원이나 어린이집의 오후 시간은 비디오를 보여주거나 아이들 스스로 놀게 하는 자유시간이 대부분이었다. 그 시간에 TV에 나오는 개그맨이 찾아와서 아이들과 놀아준다고 하자 선생님이나 아이들은 대환영이었다.

"우와, 갈갈이다!"

나를 알아본 어린 꼬마들은 TV에서 보던 '갈갈이 아저씨' 라며 좋아했다. 반응도 폭발적이었다. 동화·동요·영어·게임 등을 내장한 셋톱박스의 화질과 내용 면에서 어느 정도 자신이 있었던 나는 아이들이 좋아하는 모습을 보자 잘 될 것이라는 확신이 생겼다. 원장들도 아이디어가 좋다며 거들자 이대로만 진행된다면 대박 나는 것은 시간문제처럼 보였다.

하지만 박수소리에 취한 나는 셋톱박스의 발목을 잡을 뜻밖의 복병을 미처 발견하지 못했다.

"학부모님들이 어느 회사 제품이냐고 자꾸 물으시네요."

"좋긴 한데, 이미 계약해서 쓰고 있는 회사가 있어서요……."

간단히 말해서 내가 추진한 셋톱박스가 유명한 교육회사의 제품이 아니라는 사실이었다. 교육교재를 사용하는 쪽은 아이들이지만 돈은 부모가 지불한다는 사실을 잊고 있었던 것이다. 교육에 관해서만큼은 꼼꼼하고 신중하게 따져보는 우리나라 학부모들이 검증되지 않은 교육프로그램을 선호할 리 없었던 것이다.

아이들의 반응도 좋고 유아교육기관 원장들도 호의적이었지만 이미 익숙해진 기자재를 바꾸는 것과는 별개의 문제였다. 아이디어가 좋다고 하던 유치원 원장들도 정작 계약서를 내밀자 유명한 회사의 교육프로그램을 쓰지 않으면 학부모들이 좋아하지 않는다며 난색을 표하고는 했다.

들고 보니 틀린 말도 아니었다. 원생들이 모집되어야 운영이 가능한 유치원이나 어린이집 입장에서는 학부모들이 원치 않는 교육프로그램을 채택하는 것이 모험이었을 것이다. 이름도 생소한 업체에다 교육전문가도 아닌 개그맨이 운영하는 회사의 교육용 교구를 쓸 이유가 없었던 것이다. 이미 교육시장을 선점하고 있는 교육업체들과 경쟁하려면 그들을 뛰어넘는 플러스 알파가 필요했는데 이 부분을 놓치고 만 것이다. 하다못해 아이들과 친숙한 캐릭터라도 있었더라면 시장에 접근하기가 한결 수월했을 것이라는 아쉬움도 컸다.

결국 나는 전국 방방곡곡의 유치원을 찾아다닌 보람도 없이 1년 만에 수억 원을 까먹고 셋톱박스 사업을 접어야 했다. 그동안 고충령 선배와 내가 7인승 승합차에 셋톱박스를 싣고 번갈아 운전하며 경기도에서 경상도로, 다시 전라도에서 강원도로 동서남북을 쉼 없이 달렸던 시간이 허망하게 사라지고 말았다. 일정이 촉박할 때는 차 안에서 군용담요 두 장에 의지해 새우잠을 자며 피로를 달래던 일을 되새기면 쓴웃음만 났다. 그때까지 투자한 금액은 10억 정도, 그중 80%가 내 주머니에서 나갔다. 연예계 은퇴 1년 만에 가진 재산의 60%를 바닥낸 것이다.

어느 날 아침에 머리를 감는데 문득 옆머리에 밋밋함이 느껴졌다. 거울을 보니 왼쪽 머리가 동전크기만큼 빠져 있었다. 원형탈모증이었다. 그렇지 않아도 셋톱박스 사업으로 한쪽 가슴이 뻥 뚫린 것처럼 헛헛했는데 하필 머리카락까지 나를 배신한 것 같아 야속하기만 했다.

사람 부자 되기 07

모든 사람에게는 저마다 특별한 에너지가 있다. 열심히 일하는 사람 옆에 있으면 덩달아 내 일도 열심히 하게 되고, 열심히 노는 사람 곁에 있으면 함께 노는 일에 몰두하게 되는 것만 봐도 알 수 있다. 친구가 많은 사람의 공통점은 한결같이 부지런하다는 것이다. 부지런한 새는 벌레를 잡고 부지런한 사람은 사람을 얻는 셈이다.

야심작 토종 캐릭터 '야랑이'

셋톱박스 사업으로 상심한 나날을 보내던 중 문득 이런 생각이 떠올랐다. 내가 이처럼 절망감을 느끼는 이유는 내가 나의 능력을 스스로 제한하고 있기 때문이 아닐까. '개그맨 출신 이승환은 아무리 발버둥쳐도 유명한 교육회사를 따라잡기는 힘들어.'라는 자조섞인 책망 말이다.

하지만 유명 교육업체 회장님들도 처음부터 '짜잔'하고 큰 회사를 차린 것은 아니었을 것이다. 작은 것부터 차근차근 쌓아올리다 보니 오늘의 큰 회사를 일군 것이 아닌가 말이다. 브랜드가 없어서 안 된다⑦ 그렇다면 브랜드를 만들면 되는 것이었다.

아무리 좋은 물건도 강력한 브랜드로 포장되지 못하면 교육시장에서 무너질 수 있다는 것을 알았으니 훌륭한 브랜드를 가지면 되는 것이었다. 회사의 브랜드 가치를 높이는 효과적인 방법은 뭐니뭐니해도 캐릭터 개발이 가장 확실했다. 잘 키운 캐릭터 하나 열 스타 부럽지 않을만한 '물건'이 필요했다.

지금이야 '뽀로로'나 '코코몽' 등 토종캐릭터가 많이 나오고 있지만 그 당시만 해도 어린이들에게 인기 만점이었던 토종캐릭터는 '방귀대장 뿡뿡이'가 독보적이었다. 캐릭터 뿡뿡이가 벌어들이는 돈은 인형 수입만 100억 원이었다. 무표정한 고양이 '키티'는 자그만치 1,000억 원이 넘는 수익을 올린다고 한다.

나라고 해서 못할 이유가 없었다. 이왕이면 이상용 아저씨를 보면 '뽀빠이'가 떠오르는 것처럼 나를 보면 떠오르는 캐릭터가 있으면 좋겠다는 욕심도 났다. 거기까지 생각이 미치자 갑자가 의욕이 솟았다. 싹 달아났던 식욕도 생겼는지 먹어도 먹어도 양이 차질 않았다. 많이 먹고 힘을 내야 브랜드를 만들든지 아니면 브랜드를 살 것이 아닌가. 내 몸 어딘가에 꽁꽁 숨어있던 용기라는 놈들이 나도 모르게 매일매일 샘물처럼 솟았다.

하지만 남들은 나와 생각이 같지 않은 모양이었다. 이제 겨우 하나를 실패했을 뿐인데 주변에서는 벌써부터 방송으로 복귀해라, 남은 재산마저 없애기 전에 그만두라는 재촉이 쏟아졌다. 강을 건널 수 있는 다리가 눈 앞에 보이는데 되돌아 갈 수는 없었다. 물길이 갈라지지 않는다면 물에 빠져서라도 물길을 내면 될 일이었다.

사람들의 우려가 깊어질수록 나는 승부수를 던지고 싶어 안달이 났다. 마치 2002년 월드컵 당시 히딩크 감독이 이탈리아전에서 수비수 홍명보 선수를 빼고 공격수를 투입해 8강에 진출했던 전술과 같았다.

위기에는 수비보다 공격이 최선의 수비가 아니었던가.

멋진 캐릭터를 만들어 브랜드 가치를 높이고자 했던 나는 방송제작으로 눈을 돌렸다. 당시 공중파 방송국에서도 어린이프로그램을 제작하는 일은 많지 않았다. 제작비가 적은 탓에 국내에서 제작하는 것보다 외국산 어린이프로그램을 수입해 방송하는 것이 더 수지타산에 맞았기 때문이다.

나는 작사가 김방옥 교수와 TV유치원 전문 작가, 어린이프로그램 전문 성우 등 전문가들을 섭외했다. 김방옥 교수는 '사과 같은 내 얼굴', '그대로 멈춰라' 와 같은 동요 작사가로 알려진 분이었다. 이밖에 보육기관의 원장들도 자문위원으로 위촉했다. 전문가 진용이 짜여지자 수중에 남은 돈을 싹싹 긁어모으고 모자란 돈은 융통해 8억 원을 다시 교육프로그램 제작에 투자했다. 그렇게 나온 것이 바로 〈야랑이의 개굴개굴 이야기 유치원〉이었다. 방귀대장 뿡뿡이에 대적할 만한, 뽀빠이를 능가할 토종 캐릭터 '야랑이' 가 탄생하는 순간이었다.

야랑이는 "야! 노랑 개구리다"의 줄임말로 오줌싸개에다 놀기 좋아하고 공부하기 싫어하는 전형적인 유아를 모델로 한 캐릭터였다. 〈야랑이의 개굴개굴 이야기 유치원〉은 주인공 야랑이와 함께 한글, 과학, 수학 등 지식과 생활 상식 등을 어린이들이 알기 쉽게 놀이와 함께 가르쳐주는 프로그램이었다. 노란 아기개구리 야랑이와 함께 또 다른 캐릭터인 '정의의 용사 개굴맨' 이 등장했는데, 나는 개구리 탈을 쓰고 붉은색 망토를 걸친 개굴맨을 자청하고 나섰다. 개구리 탈을 벗으면 제작자요, 탈을 쓰면 개굴맨으로 변신하는 멀티플레이어였던 것이다.

다행히 반응이 좋은 편이었다. 케이블 방송에서 평일 오전 시간대에 방송되는 데일리 프로그램으로 케이블 시청점유율 25%를 꾸준히 유지하는 제법 인기 좋은 프로그램이었다. 그 결과 재능방송에 1년 6개월 정도 〈야랑이의 개굴개굴 이야기 유치원〉을 지속적으로 제작해 공급할 수 있었다. 방송에 등장하는 개굴맨 아저씨 캐릭터도 제법 인기 캐릭터로 자리 잡은 덕분에 지금도 나를 개굴맨 아저씨로 기억하는 꼬마들을 심심찮게 만날 수 있다.

나는 '야랑이' 라는 캐릭터를 개발함으로써 캐릭터를 활용한 다양한 사업권이나 비디오 판권도 모두 확보할 수 있었다. 하지만 〈야랑이의 개굴개굴 이야기 유치원〉이 인기를 끈 데 착안해 방송 내용을 DVD와 교재, 인형 등으로 만들어 팔았지만 어쩐지 반응이 썰렁했다. 그것을 만회하기 위해 야랑이 한글책과 수학책을 출간하고 '개굴맨 아저씨의 대모험' 이란 어린이 뮤지컬도 제작했다.

그러나 야심차게 도전한 뮤지컬은 무대에 몇 번 올려보지도 못하고 수억 원의 손실만 본 채 막을 내리고 말았다. 직접 미국 라스베이거스까지 찾아가 어린이 뮤지컬을 벤치마킹한 것으로 스태프만 족히 100명에 이르는 제법 규모가 큰 공연이었다. 그러다 보니 4인 가족이 관람하려면 3~40만 원에 이르는 적지않은 공연료를 부담해야 했다. 비싼 공연료 탓인지 객석의 관객은 100명을 넘지 못했고 스태프가 관객보다 많은 웃지 못할 풍경이 벌어졌다.

뮤지컬 사업을 위해 10억을 투자해 야랑이한테 들어간 총 투자비용만 대략 25억에 이르렀다. 콘텐츠 개발을 위해 막대한 돈과 시간을 투자했다고 생각했지만 투자는 밑 빠진 독처럼 한도 끝도 없었다. 하면 할수록 할 것만 더 많이 생겼다. 결국 더 이상 투자금을 감당할 수 없게 된 나는 제작비가 없어 프로그램을 만들 수 없는 지경까지 내몰렸다. 빌려 쓴 돈을 갚지 못하자 집안 곳곳에 차압딱지가 붙기 시작했다. 또다시 실패를 인정하지 않을 수 없게 된 것이다.

셋톱박스에 이어 다시 한 번 실패를 맛본 나는 야랑이의 부진에 대해 곰곰이 생각하기 시작했다. 프로그램의 성공 덕분에 야랑이라는 브랜드를 얻었지만 이번에는 콘텐츠가 빈약했다는 결론이 나왔다. 캐릭터 하나를 개발하기 위해 몇 년씩 투자하는 다른 사람들과 달리 나는 겨우 6개월 만에 야랑이라는 캐릭터를 만들고 이를 활용해 어린이 프로그램을 만드는 일까지 해치웠던 것이다.

좋은 캐릭터를 세상에 내놓는 일은 생각만큼, 의욕만큼 되는 일은 아니었다. 그런데다 너무 영글지 않은 캐릭터에 지나치게 큰 포부를 담은 것도 문제였다. 게다가 교육 콘텐츠의 전문성을 완벽하게 갖추지 못한 점도 여전히 해결해야 할 과제로 남았다. 브랜드를 가지고 있더라도 그것에 걸맞는 콘텐츠가 빠지면 앙꼬 빠진 찐빵과 다를 게 없었다. 교육시장에서는 이름도 중요하지만 이름에 걸맞는 내용도 중요하다는 것을 다시 한 번 알게 된 것이다.

이번에도 나는 플러스 알파를 놓치는 실수를 반복하고 말았다. 미리 시장을 선점했던 다른 선발업체와 겨뤄보려면 그들이 없는 것을 가지고 있어야 했는데 내게는 여전히 그 '알파' 가 없었다.

사람 부자 되기 08

흔히 자신의 잘못이나 결점을 공개하는 일은 참 어렵다. 무엇보다 자존심이 상하는 것이 가장 견디기 힘들다. 문제는 자존심을 지키고 제자리걸음을 하느냐, 자존심을 버리고 발전하느냐에 차이다. 나는 사업을 추진할 때 항상 '리뷰'를 게을리하지 않았던 것 같다. 성공하면 성공한 대로 실패하면 실패한 대로 분석한다. 반성하는 일은 나를 '일 잘 하는 사람'으로 만들어주었다.

내 인생을 바꾼 한 통의 전화

무너지기 시작한 사업은 악화일로로 치달았다. 출판과 뮤지컬 등 교육사업에 투자한 3억이 부채로 남아 결국 살고 있던 집까지 가압류되고 만 것이다. 서러운 무명 생활 5년 만에 겨우 인기 개그맨이 됐을 때 마련한 집이었다. 가압류 통보를 받았다는 소식이 전해지자 가족들은 안달이 났다. 길거리로 나앉기 전에 그만 손 털고 나오라는 채근과 재촉이 이어졌다. 개그맨으로 번 돈으로 부모님과 내 집도 사고 동생 가게까지 열어주었던 시간들이 꿈처럼 느껴졌다. 그냥 개그맨으로 남아 있을 걸 하는 후회도 밀려왔다.

2004년 12월 마지막 날, 집으로 갈갈이 삼형제의 맏형 박준형이 찾아왔다. 내가 사업으로 악전고투하고 있다는 소식을 듣고 찾아온 것이었다.

“너 힘들단 얘기 들었다. 이만큼 해봤으니까 이제 그만하고 다시 방송하자.”

박준형은 잠시 가출한 동생을 찾으러 온 형처럼 내 손을 잡아 끌었다. 순간 간신히 나를 다잡고 있던 마음이 무너지는 것 같았다. 손대는 사업마다 족족 실패를 맛본 후라 내 의욕과 열정은 이미 바닥을 보이고 있었다. 뭔가 다시 시작할 수 있을지 아무런 확신이 들지 않은 상태였다.

나중에 알고 보니 상황은 박준형도 별로 좋지 않던 모양이었다. 그도 갈갈이 삼형제를 끝내고 뭔가 새로운 것을 보여주어야 한다는 부담감에 눌리고 있음을 내비쳤다. 구관이 명관이라는 말처럼 예전의 용사들이 뭉쳐 다시 한 번 재기를 노려보자고 나를 설득했다. 나는 모르는 척 그 손을 잡고 싶은 마음을 억누르느라 이를 악물어야 했다.

하지만 여기서 멈춘다면 다른 사람들이 나한테 손가락질을 할 것만 같았다. 박수칠 때 도도하게 떠나더니 빈털터리가 된 채 어깨가 축 처진 모습으로 되돌아가고 싶지 않았다. 무엇보다 자존심이 허락하지 않았다. 나는 꼭 성공해서 사람들에게 다시 인정받고 싶다는 스스로와의 약속을 지키지 못했기 때문이다.

힘든 일은 연거푸 찾아와 나를 괴롭혔다. 사업이 어려워지면서 함께 투자했던 개인 투자자들이 하나둘씩 연락이 두절되기 시작했다. 어떤 투자자는 자신의 재산을 가족 명의로 돌리고 종적을 감추기도 했다. 설상가상으로 사업하던 동생마저 어려움에 빠지면서 동생의 빚까지 떠안고 말았다. 커다란 배가 가라앉는 것은 큰 암초에 부딪쳐서가 아니라 작은 암초를 여러 번 만나면서 조금씩 기울며 가라앉는다는 것을 그때 알게 되었다.

그때부터 나는 두문불출했다. 사람도 만나지 않고 가족은 물론 친구들과도 일절 연락을 끊었다. 나와 세상의 유일한 연결고리는 사귀고 있던 지금의 아내뿐이었다. 항공사 승무원이었던 아내는 마땅한 수입이 없던 나를 위해 항공사에서 나오는 빵이나 간식을 챙겨 나르고 속옷과 양말까지 일일이 사다 날랐다.

모두가 이제 그만하라고 할 때조차 아내만큼은 "당신은 꼭 성공할 거야."라며 나를 위로했다. 자금사정이 어려울 때도 주변 사람에게 손을 내밀지 못하는 나를 위해 두말하지 않고 자신의 적금통장을 해약해 내밀기도 했다. 아내는 그 뒤로도 몇 차례 더 돈을 융통해 주었는데 나중에 알고 보니 처형의 마이너스통장에서, 장모님의 쌈짓돈까지 내 수중으로 들어왔고 그렇게 모인 돈이 얼추 2억이나 되었다.

그럴수록 아내의 얼굴을 볼 면목이 없어졌고 사업이 잘 되면 세상에서 가장 멋진 프러포즈를 하리라는 희망도 요원해졌다. 나는 밤마다 성산동 선착장으로 나갔다.

가슴 속에 쌓인 울분을 풀어내기 위해서였다. 열심히 일하는 사람이 성공이 아닌 실패를 가져가야 하는 세상이 야속해 울고 또 울었다. 남자는 쉽게 눈물을 보이면 안 된다고 한다지만 봇물 터진 내 눈물은 좀처럼 멈출 줄을 몰랐다.

그러던 어느 날, 한 통의 전화가 울렸다.

"승환이냐?"

반가운 목소리는 지금 벌집삼겹살의 동업자 중 한 사람인 한성진 이사였다. 형제처럼 지냈던 그의 목소리도 절망에 빠진 내게 위로가

되지 못했다. 하지만 그 한 통의 전화가 내 인생을 역전시켜 줄 희망
의 러브콜이었다는 사실을 그때는 알지 못했다.

사람 부자 되기 09

시련과 고통은 면역력 강한 사람으로 변화시켜 준다. 사람은
죽을 것만 같아도 자기 능력에 따라 어느 것이든 택하게 마련이
다. 그렇다면 고통을 진통제로 생각해 보는 것도 나쁘지 않을 것
같다. 영화에서도 주인공이 죽을 고비를 넘긴 다음에 극적으로
살아나지 않는가. 성공하고 싶다면 흥미진진한 실패 스토리를 즐
겨보는 것도 나쁘지 않을 것 같다.

Chapter 2 사람 밑천으로 장사하다

망한 회사를 인수해 놓고 좋아하는 우리 셋을 사람들은 이해하기 어렵다는 반응을 보였다. 혼자가 아닌 세 마음이 하나로 모였기 때문일까. 2005년 말, 우리 셋은 망한 회사를 꼭 일으켜보리라는 꿈에 부푼 채 새해를 맞았다. 이제 정말로 밤을 새우며 주고받던 저마다의 꿈들이 한데 모여 우리의 꿈이 된 것이다. 이제 남은 것은 원 없이 승승장구할 일만 남았다고 생각하니 알 수 없는 희망이 샘솟았다.

삼겹살집 사장 되다

아파트 중도금을 선물 받다

"어……, 형! 웬일이야?"

2005년 3월, 한성진 이사의 전화를 받기 전에 나는 한강다리 위에 있었다. 사업이 점점 악화일로에 치달으면서 더 이상 부채를 감당할 수 없던 나는 모진 마음을 먹고 만 것이다. 자살을 결심한 다음 한강다리 위에 올라갔을 때, 나는 말 그대로 절망의 끝자락에 선 기분이었다.

빚이 쌓이고 당장 제작비가 없어 프로그램을 만들 수 없다는 내 무능함도 견디기 힘들었지만 무엇보다 나를 다리 위로 내몬 것은 그놈의 자존심이었다. 막상 다리 위에 오르니 보란 듯이 잘 해보이고 싶었던 마음은 어디론가 사라진 채 죽기 위해 서 있는 내 자신이 초라해 견딜 수가 없었다. 누구에게도 이런 내 모습을 내보일 수 없는 자존심이 내 목을 서서히 죄어오는 기분이었다.

다리 아래로 떨어지려 하자 두려움이 생겨 푸른 하늘을 올려다보는데 이상하게 가슴이 뻥 뚫린 것처럼 시원해졌다. 저 하늘을 향해 뛰어오르면 훨훨 날아갈 수 있을 것만 같았다. 하지만 막 뛰어오르려는 찰나 또다시 죽일 놈의 자존심이 나를 가로막았다.

'이대로 죽을 수는 없어! 내가 여기까지 어떻게 왔는데…….'

또 한 가지 은근히 걱정스러운 게 있었다. 학창시절 수영선수였던 나는 물에 빠지는 순간 본능적으로 헤엄쳐 뭍으로 나올 것이 뻔했다. 그다음 순간은 상상하기도 싫었다. 사람들이 하나 둘 모이면서 내가 누구인지 알려지는 것은 시간 문제일 것이다. 그렇다면 내가 헤엄쳐 나오지 못할 만큼 더 깊은 다리를 찾아가야 하는 것인가. 우습게 들리겠지만 한때는 매우 심각하게 한강 교각의 깊이를 따져보며 완벽하게 죽을 수 있는 방법을 찾기도 했다.

그날도 강물 위로 뛰어내리지 못한 채 터덜터덜 다리를 내려오는데 갑자기 전화벨이 울린 것이다.

"지금 어디냐? 안 바쁘면 잠깐 나 좀 보자."

호형호제하며 지내던 한성진 이사는 다짜고짜 만나자는 말만 하고 급히 전화를 끊었다. 방금 전까지도 죽으려고 마음먹던 내가 누군가를 만나고 싶은 마음이 들 리 없었다. 하지만 거절할 겨를도 없이 상대방이 전화를 끊은 터라 할 수 없이 만나자는 장소로 향했다.

나를 만난 한 이사는 대뜸 하얀 봉투부터 내밀었다.

"이게 뭐예요, 형?"

"아파트 중도금이다, 형수는 모르니까 그렇게 알고 넣어둬."

사업에 관한 한 나보다 선배였던 한 이사는 사업을 시작하면서 언제나 내 의논상대가 되어주었다. 좀처럼 사업이 풀리지 않을 때도 그가 해준 사업적 조언은 내게 큰 도움이 되고는 했다. 그런 그가 사업으로 고충을 겪고 있는 내 사정을 알고 선뜻 자신의 아파트 중도금을 내놓은 것이다. 알뜰살뜰 모았을 중도금 3천만 원이었다. 크다면 크고 적다면 적은 돈이었지만 나에게는 값어치를 따질 수 없을 만큼 큰 금액이었다. 하지만 이 돈을 언제 다시 돌려줄 수 있을지 약속할 수 없었다. 그래서 더욱 돈을 받을 수 없었다.

"받을 수 없어요. 다른 것도 아니고 어떻게 아파트 중도금을……."

"이것 가지고는 한참 모자란다는 거 안다. 그래도 이왕 시작한 거 할 수 있는 데까지는 해봐야지."

한사코 마다하는 내 손에 봉투를 쥐어준 채 그는 바삐 자리를 떴다. 가까스로 그 돈을 받아들고 일어서는데 눈물이 앞을 가려 도저히 걸을 수가 없었다. 방금 전까지 세상 모든 사람들이 외면하는 것 같아 죽으려고 마음먹었던 나였는데, 이렇게 따뜻하게 손을 잡아주는 사람이 가까운 곳에 있다고 생각하니 마음 속의 분노도 눈 녹듯 사라지는 것 같았다. 그동안 내가 헛살아온 것이 아니구나 싶었다.

사실 자존심이 강했던 나는 사업자금이 부족해도 주변 사람에게 손을 벌리는 오지랖이 되지 못했다. 은행권의 대출이 막히면 정말로 속수무책이었다. 그나마 어려울 때마다 당시 사귀고 있던 아내가 융통해준 것이 전부였다. 그런데 딱 한 번 상황이 다급해지면서 자존심을 무릅쓰고 한 지인에게 아쉬운 부탁을 한 적이 있었다.

사업을 하면서 알게 된 A사장은 유독 나와 마음이 잘 통했고 동생처럼 나를 아껴주는 사람이었다. 사람은 진심으로 사귀는 것이라고 배운 나는 내게 잘 대해주는 것이 언제나 고마워 성심껏 그를 대했다. 안부전화도 자주 하고 외국을 다녀와도 여자친구의 선물은 못 챙겨도 A사장 선물은 잊지 않고 챙겼다.

그러다 내가 어렵사리 약간의 돈을 융통해 줄 것을 부탁하게 되었다. 내 딴에는 수백 번 고민 끝에 하는 부탁이라 얼굴까지 화끈거릴 정도였다. 그런데 뜻밖에 그의 대답은 냉정했다.

"미안하다, 요즘 내가 여유가 없어."

순간 내 얼굴은 홍당무처럼 빨갛게 달아올랐다. 쥐구멍이라도 있다면 숨고 싶은 심정이었다. 나와 얘기를 나누었던 그 술집에서 몇 백만 원의 술값은 아무렇지도 않게 계산하는 그가 술값에도 못 미치는 금액을 빌려줄 수 없다고 하자 야속하고 서운하게 느껴졌다. 그런데 뜻하지 않은 곳에서 도움의 손길이 찾아온 것이다.

한성진 이사를 만난 후 놀랍게도 나를 감동시키는 일이 또 있었다. 곽성훈이라는 고향 선배가 갑자기 명동에서 보자는 전갈이 왔다. 나를 다짜고짜 은행으로 데리고 들어간 그 선배는 창구 여직원에게 느닷없이 통장 하나를 내밀며 적금을 해약해 달라고 했다. 그리고 은행원에게 받은 해약금의 잔돈까지 고스란히 내게 내미는 것이 아닌가.

"형, 이게 뭐예요!"

"지금 가진 게 이것밖에 없어 미안하다."

내가 뭐라고 이 사람들은 아파트 중도금에 열심히 모았을 적금까지 해약해서 내게 내미는 것일까. 내가 지금 빈털터리라는 사실을 혹시 모르고 있는 것은 아닐까. 알고 주는 것이라면 앞으로 이 사람들의 은

혜를 어떻게 갚아야 한다 말인가.

순간 이대로 무너지면 나만 무너지는 게 아니라는 사실에 정신이 바짝 드는 것 같았다. 나를 지켜봐주는 사람들도 함께 무너지게 할 수는 없었다. 마지막 남은 희망이 있다면 다시 한 번 불사르고 싶었다.

'이승환! 좀 더 힘을 내보자!'

죽을 때 죽더라도 이 사람들이 준 돈만큼은 갚고 죽자고 결심하니 세상 어느 것도 부럽지 않을 든든한 사업자금을 손에 쥔 것만 같았다. 수십 억, 수백 억과는 비교도 되지 않을 만큼 값진 그 돈은 내가 아는 숫자로는 따질 수 없는 '희망자금' 이었던 것이다. 나는 손에 쥔 희망을 놓치 않겠다는 듯 그 돈을 꼭 움켜쥐었다.

사람 부자 되기 10

가장 친한 친구라도 자신의 생각을 모두 말해버리면 적이 될 수 있다는 격언이 있다. 사람과 사람 사이에는 일정한 간격을 두고 예의를 지킬 필요가 있다는 뜻일 것이다. 위로가 필요하거나 충고가 필요한 사람이 있을 때, 섣부르게 말문을 여는 것을 신중히 해야 한다. 내가 아무리 위로라는 말로 포장해도 상대방이 동정으로 받아들일 수 있기 때문이다.

미남들의 수다

프랜차이즈 삼겹살전문점인 벌집삼겹살의 법인은 ㈜벌집이다. 이 회사는 나에게 아파트 중도금을 전해주었던 한성진 이사와 정시옥 이사 그리고 나 이렇게 3인이 출자해 만든 법인이다.

함께 사업을 일구기 오래 전부터 우리 세 사람은 돈독한 우정을 나눠온 사이였다. 한 이사는 '와바'라는 주류체인점을 1호부터 100호점까지 창업한 사람으로 탁월한 영업의 달인이었다. 정 이사 역시 '비어스카이'라는 주류체인점 점포를 100개나 가진 청년사업가였다. 나까지 사업에 뛰어들면서 우리 셋은 음지와 양지를 고루 맛본 젊은 사업가로 통하는 면이 많았다. 무엇보다 사업적 고비를 진하게 겪었던 각자의 실패경험은 우리를 특별한 연대감으로 똘똘 뭉치게 해주었다.

두 사람 중 먼저 알게 된 사람은 ㈜벌집의 재무관리를 맡고 있는 정시옥 이사였다. 내가 살던 동네에 정 이사가 운영하던 호프집이 있었는데 친구들과 가끔 들르면서 그와 안면을 익히게 된 것이다. 그러다 정 이사의 친구였던 한 이사가 합류하면서 우리 셋은 자연스럽게 절친 3인방이 되었다. 누가 먼저랄 것도 없이 금세 술친구가 된 우리들은 사업가로 크게 성공하고 싶다는 꿈을 안주 삼으며 밤이 새는 줄 모르게 웃고 떠들며 꿈과 포부를 나누었다.

나이 또래도 비슷한 우리는 쉽게 마음이 통했고 무엇보다 사업이라는 화두에 고심하는 모양새도 비슷했다. 당시 나는 개그맨을 그만두고 사업가로 전업하기 위해 고심하던 시기였다. 두 사람 역시 각자 사업으로 고비를 겪던 때라 서로의 고충과 애환을 들어주며 조언도 해주는 사이가 됐다. 저마다 최고의 자리에 서봤지만 그 당시에는 다시 뛰기 위해 움츠리던 시기였고 각자 비상을 꿈꾸고 있었던 때였다.

그때 이미 사업경험이 화려했던 두 이사들은 막 사업을 시작하려는 내게 둘도 없는 스승이었다. 우리는 한 번 만나면 다음날 아침 동이 터올 때까지 우리가 일궈야 할 미래에 대해 얘기하고 또 얘기했다. 그러다 아무리 일해도 대가가 주어지지 않고 힘만 드는 세상을 타박하기도 했고, 그러니 우리가 성공해서 본때를 보여주자며 크게 건배를 외치기도 했다.

프랜차이즈 사업가였던 정 이사와 한 이사는 망하는 가맹점주들을 가장 안타까워했다. 가진 종자돈으로 마지막 희망처럼 붙잡았던 사업이 망하니 매장에서는 싸움과 시비가 끊이질 않았다. 나 역시 사업을 하면서 배신도 당해보고 어려움도 겪으면서 망하는 것이 어떤 것인지 잘 알고 있었다.

우리 셋은 프랜차이즈 사업을 제대로 하려면 이같은 병폐를 없애야 한다며 목청을 높였다. 또한 본사 혼자만 잘 먹고 잘 사는 것이 아니라 프랜차이즈 매장을 운영하는 가맹점주들도 함께 잘 살 수 있도록 함께 만들어보자고 의지를 불태웠다. 본사와 가맹점이 함께 잘 사는 프랜차이즈 사업을 하려면 금세 망해 없어지는 회사가 아닌 장수하는 회사를 세워야 했다. 우리는 망하지 않는 회사를 차리기 위해 하룻밤에도 수없이 회사를 세웠다 허물었다를 반복했다.

우리는 처음부터 말이 잘 통했던 것은 아니었다. 저마다 자존심이 둘째가라면 서러울 사람들이라 쉽게 속내를 내주지 못했지만, 한 번 마음문이 열리자 서로의 눈물 콧물까지 닦아줄 만큼 막역한 사이가 된 것이다. 그러다 약속이나 한 듯 줄줄이 사업이 망한 우리는 모두 비슷한 시기에 빈털터리가 되고 말았다. 야심차게 도전했던 교육사업이 무너지면서 나는 그들과 함께 새로운 사업을 도모하기 위해 머리를 맞대기 시작했다.

우리는 당시 한창 붐이 일었던 펜션사업에 가장 먼저 관심을 갖기 시작했다. 당장 가진 자본은 없지만 좋은 자리를 보러다니며 사업구상을 타진해 볼 수는 있었다. 의욕이 충만해진 우리는 평일에는 투자를 위한 사업제안서를 쓰고 주말에는 강원도나 충청도로 팬션자리를 물색하기 위해 차를 몰았다. 결국 석 달여 만에 흐지부지되고 말았지만 지금도 우리끼리는 그때 일을 '백일천하'라고 부르며 가장 행복했던 한 때로 기억하곤 한다.

그러던 중 내가 집이 가압류되고 빈털터리가 되었다는 소식을 듣자 한 이사가 자신의 아파트 중도금을 내놓았던 것이다. 당시 한 이사는 여의도에서 제법 규모가 있는 극장식 식당을 운영하고 있었는데, 내게 도와달라는 부탁도 함께 해왔다. 겉모양새는 도와달라는 부탁이었지만 경제적인 문제를 조금이라도 해결해주고 싶은 마음으로 내게 일자리를 제공한 것이었다. 행여 내 자존심이 다치지 않도록 도와달라는 부탁으로 내게 손을 내민 그의 세심함이 지금도 고마울 따름이다.

그 뒤로 나는 한 이사의 가게에 나가 열심히 일하며 새롭게 재기를 노렸다. 몸은 힘들었지만 어딘가 몰두할 수 있는 일이 있다는 것이 큰 위로가 되었다.

사람 부자 되기 11

다른 사람을 돕는 일만큼 어려운 일이 도움을 받는 일일 것이다. 누구나 동정받기를 불편해하기 때문이다. 나도 마찬가지여서 도움의 손길을 내미는 상대의 마음을 미처 헤아리지 못하는 경우가 많다. 하지만 잘 주는 사람이 잘 받기도 하는 법. 사람은 서로 돕고 도우며 살아가는 존재다. 사람은 조물주가 만든, 사람을 살리는 가장 중요한 도구라는 사실을 기억하자.

벌집 3인방,
망한 회사를 인수하다

어느 날 셋이 모인 자리에서 정시옥 이사가 느닷없이 삼겹살 얘기를 꺼냈다.

"지리산에 등산 갔다가 내려오는 길에 고깃집에서 삼겹살을 먹었는데 말야, 고기에 잘잘한 칼집을 내왔더라고. 그렇게 구워서 그런지 삼겹살 맛이 정말 기가 막혔어."

오랜만에 삼겹살로 저녁을 먹는 자리에서 정 이사가 지리산에서 먹었다던 삼겹살 맛이 나지 않는다며 툭 내뱉은 말이었다. 평소 맛있는 음식을 찾아다니며 즐기던 나와 한성진 이사는 30분이나 기다렸다 먹은 지리산 삼겹살을 또 먹고싶다는 정 이사의 얘기에 귀가 솔깃해졌다.

그러고 보니 돈가스를 만들 때도 고기를 오랫동안 두드린다는 사실이 떠올랐다. 고기를 오랫동안 두드리면 그만큼 육질이 연해져 먹기도 편하고 맛도 한결 부드러워지기 때문이다. 성격이 급한 나는 말이 나온 김에 한 번 만들어 먹어보자며 칼집을 내어 고기를 구워보았다. 그냥 먹는 삼겹살보다 한결 부드러운 맛이 나는 것 같았다. 여기에 찍어먹을 특별한 소스를 만들고 굽는 방법을 좀 더 고민해본다면 사업으로 확장해도 무리는 없어 보였다.

나의 긍정적인 반응과 달리 한 이사는 다소 회의적이었다. 사업가의 직감으로 봤을 때 이미 삼겹살체인점은 차고 넘친다는 것이 이유였다. 틀린 말은 아니었다. 하지만 나는 칼집 넣은 삼겹살이라면 마케팅에서도 분명 차별화가 될 것이라고 설득했다. 정 이사마저 충분히 가능성이 있다는 쪽으로 돌아서자 한 이사도 마지못해 일단 시작해보는 것으로 타협을 보게 되었다.

칼집 넣은 삼겹살체인점을 함께 해보기로 의기투합하자 일은 일사천리로 진행됐다. 프랜차이즈 업체로 성공해본 경험자가 둘이요, 번뜩이는 아이디어맨이 합쳐지니 사업은 하루가 다르게 구체화되었다.

마침 자신의 점포를 정리하고 다른 프랜차이즈 회사에 다니고 있던 정 이사는 다니던 회사마저 부도위기에 처해 자유의 몸이 된 상태였다. 한 이사도 우리와의 동업을 위해 여의도 가게를 정리했다. 각자 자금사정이 넉넉지 못했던 우리는 각자 5천만 원씩 출자해 1억 5천만 원의 창업자금을 마련했다. 이제 법인회사를 세우는 일만 남았다.

"그러지 말고 우리 회사를 인수하면 어떨까? 아직 부도는 나지 않았으니까 부채만 해결하면 인수하는 데 어렵진 않을 거야."

정 이사는 자신이 다니던 회사가 마침 외식 프랜차이즈 회사라는 사실을 강조하며 새로 법인을 세우기보다 그 회사를 인수하자는 제안을 했다. 게다가 직원도 외식에 관련된 업무에 숙련된 사람들이었으니 말 그대로 간판만 바꿔 달면 되는 것이었다. 그야말로 차려진 밥상에 숟가락만 더 얹는 셈이었다. 그러자 부정적이었던 한 이사가 더 적극적인 열성을 보였다.

보통의 경우 회사를 인수하면 직원도 새롭게 세팅하는 것이 일반적이지만 기존 직원의 고용을 승계하는 것은 우리에게 여러모로 유익했다. 우선 해당 직원들은 그 업무에 이미 익숙해진 사람들로 새롭게 직원을 채용해 교육시키는 비용과 시간을 절약할 수 있었다. 무엇보다 하루아침에 전 직원들을 실업자로 내몰아야 한다는 것에 대한 도의적인 양심도 면할 수 있었다.

결국 우리는 2005년 부도 위기까지 갔던 외식 프랜차이즈를 인수하게 되었다. 회사를 세웠으니 상호가 필요했다. 근사하고 멋진 상호를 찾기 위해 우리 셋의 이니셜을 합친 글자를 조합하는 등 다양한 아이디어를 쏟아냈다. 마땅한 상호를 찾지 못한 우리는 누구나 쉽게 떠올릴 수 있는 쉬운 상호가 가장 좋다는 것에 생각을 모았다.

"칼집 낸 모양이 꼭 벌집 같네."

어긋나게 칼집을 낸 고기 모양은 정 이사의 말처럼 정말 벌집 문양 같았다. 누가 먼저랄 것도 없이 회사 이름은 '벌집삼겹살'로 모아졌다. 벌집에 벌떼들이 꿀을 모아 오는 것처럼 손님들이 많이 모였으면 좋겠다는 의미도 덧붙였다. 돈을 많이 벌자는 뜻으로 '돈벌집'도 최종 물망에 올랐지만 결국 떠올리기 쉽고 부르기 쉬운 '벌집'으로 최종 낙찰되었다.

　망한 회사를 인수해 놓고 좋아하는 우리 셋을 사람들은 이해하기 어렵다는 반응을 보였다. 혼자가 아닌 세 마음이 하나로 모였기 때문일까. 2005년 말, 우리 셋은 망한 회사를 꼭 일으켜보리라는 꿈에 부푼 채 새해를 맞았다. 이제 정말로 밤을 새우며 주고받던 저마다의 꿈들이 한데 모여 우리의 꿈이 된 것이다. 이제 남은 것은 원 없이 승승장구할 일만 남았다고 생각하니 알 수 없는 희망이 샘솟았다.

사람 부자 되기 12

　진정한 행복은 많은 친구에서 오는 것이 아니라 훌륭하게 선택한 친구로부터 찾아온다고 한다. 뜻이 통하고 마음이 닿는 친구는 은행의 적금통장보다 땅문서보다 든든한 재산이다. 이런 친구라면 동업을 해도 위험할 일이 없을 것이다.

대한민국 대표 삼겹살을 꿈꾸다

대한민국 대표 음식을 꼽으라면 열에 일곱 여덟은 삼겹살을 떠올릴 것이다. 퇴근길에 '삼겹살에 소주 한 잔'이 공식이 될 만큼 삼겹살은 서민과 친한 음식이다. 요즘처럼 경기가 불황일 때는 삼겹살의 인기는 더 올라가 국민음식이라고 불러도 손색이 없을 정도다.

갈비를 떼어낸 부분에서 복부까지의 넓고 납작한 부위를 말하는 삼겹살은 돼지 한 마리 당 겨우 10kg 밖에 나오지 않는 금쪽같은 고기다. 붉은 살코기와 지방이 세 번 겹쳐져 있다고 해서 삼겹살로 불리는데, 지난해 우리나라 국민 1인당 돼지고기 소비량 19.6kg 중 절반인 9kg이 삼겹살이라고 한다. 그러니까 일년에 한 사람(200g 기준)이 45인분의 삼겹살을 먹은 셈이다.

삼겹살은 돼지고기 부위 중 우리나라 사람만이 유일하게 즐기는 고기라는 점도 흥미롭다.

모양이 비슷한 서양의 베이컨은 삼겹살의 일종이긴 하지만 돼지 옆구리 부위 살에서 지방의 일부를 제거해 소금에 절여 훈제했다는 점에서, 배 부위 살을 그대로 익혀 먹는 우리의 삼겹살과는 차원이 다르다.

불판 위에서 지글지글 익는 삼겹살 소리만 들어도 군침이 꼴깍 넘어가는 삼겹살. 일주일에 평균 한두 번은 즐기고 집집마다 삼겹살 굽는 불판 하나쯤은 가지고 있을 만큼 전국민이 사랑하는 이 음식의 시장성은 일단 합격이었다. 다만 시장조사를 해보니 기름기 많은 삼겹살을 한 번 먹은 사람이 다시 삼겹살을 먹으러 오는 데는 평균 2주일이 걸렸다. 기름기가 있는 돼지고기를 매일 먹기란 쉽지 않기 때문이다. 한 번 우리 매장에서 삼겹살을 먹은 고객이 다시 벌집삼겹살을 찾게 하려면 역시 플러스 알파가 필요했다.

한 이사의 말처럼 국내 삼겹살 시장은 이미 포화상태였다. 두 집 건너 한 집이 삼겹살집이라고 해도 과언이 아닐 정도니 경쟁 또한 치열했다. 오죽했으면 삼겹살 사업을 외식 업계에서 '화약고에 화약을 들고 뛰어드는 것.' 이라고 비유할까. 포화된 시장에서 살아 남으려면 고기 고유의 맛은 살리되 어디서든 먹어보지 않은 삼겹살을 팔아야 했다. 색다른 브랜드의 벌집삼겹살에 고객 입맛을 사로잡을 특제소스, 그리고 질 좋은 서비스로 승부한다면 분명 승산이 있었다.

우리는 용감하게 삼겹살에 배팅해보기로 했다. 삼겹살이라면 자다가도 벌떡 일어나는 우리나라 사람들의 식성이 변하지만 않는다면 적어도 망하지 않을 자신이 있었다. 지구가 멸망하는 날까지도 시름에 빠진 한국 사람에게 벌집삼겹살과 소주를 팔아보고 싶었다.

많은 사람이 즐기는 음식인 만큼 가격은 저렴하면서도 맛은 좋아야 한다는 것이 벌집삼겹살의 승부수였다. 그러려면 냉동 삼겹살을 구워 쌈장을 넣고 상추에 싸 먹는 일반적인 삼겹살과는 시작부터 달라야 했다. 남과 달라지려면 우선 남을 파악하는 것이 기본! 우리는 그 길로 전국의 삼겹살집을 순례하기 시작했다.

떡삼겹, 흑돼지삼겹, 불고기삼겹 등 전국 방방곡곡 온갖 종류의 삼겹살집을 돌아다니며 맛있다는 삼겹살이란 삼겹살은 모조리 먹어보고 서비스도 유심히 살펴보았다. 그러다 보니 아침은 경기도 삼겹살집에서 점심은 충청도 삼겹살집, 저녁은 전라도 삼겹살집에서 하루 세끼 꼬박 삼겹살만 먹는 날도 있었다. 특히 맛집과 원조집의 삼겹살은 빼놓지 않고 거의 다 먹어봤다. 삼겹살 순례를 하다 보니 맛집 골목에 들어서도 한눈에 원조집을 찾아내는 안목까지 생겼다.

그중 제주도 어느 똥돼지 삼겹살집의 그 맛은 아직도 잊을 수가 없다. 그 집의 삼겹살 맛은 결국 고기에 있었다. 토종돼지를 키워 누린내를 잡아주는 특제 쌈장 또한 예술이었다. 뿐만 아니라 지방 어느 시골에 들렀던 꼬치삼겹살집은 운영방식이 매우 독특했다. 고객이 직접 꼬치에 끼워진 삼겹살을 큰 화덕에 구워서 각자의 테이블에 가져가서 먹는 이색적인 삼겹살집이었다. 흥미로웠던 것은 삼겹살을 먹고 나서 "얼마예요?"라고 물으면 주인이 "얼마치 먹었어요?"라고 되묻는다는 것이었다. 마치 포장마차에서 오뎅을 먹을 때처럼 삼겹살 가격을 고객이 먹은 꼬치 개수로 셈하는 특이한 계산법이 아직도 인상적이다. 궁금한 우리들은 사장에게 넌지시 물어봤다.

"사장님, 손님이 개수를 속이면 어떡하시려구요?"

"그래 봤자 한두 갠데, 그렇게 해서 망할 장사라면 하지를 말아야지. 가서 먹은 꼬치 수나 세어와요."

쩨쩨하게 작은 것에 욕심 부리지 않겠다는 뜻이었다. 장사는 그런 마음으로 해야 한다는 주인장의 마음자세에 고개가 끄덕여졌다.

삼겹살 순례를 마친 결과는 의외로 간단했다. 이 사업의 성패는 고기의 맛에 좌우된다는 것이었다. 가수는 노래를 잘해야 하고 개그맨은 잘 웃기면 되는 것처럼 삼겹살집은 삼겹살이 맛있으면 되는 거였다. 고기가 맛없으면 아무리 서비스나 인테리어가 훌륭해도 고객이 모여들지 않는다.

당시 삼겹살은 고기를 얇게 썬 슬라이스 형태가 대세였다. 하지만 우리는 이와 반대로 두툼한 통삼겹살을 선택했다. 술은 넘기는 맛이고 고기는 씹는 맛이라고 했기 때문이다. 고기의 씹히는 질감을 살리기 위해 두툼한 고기를 선택했지만 고기가 두꺼워질수록 육질이 질겨질 수 있다는 게 단점이었다. 하지만 두툼한 통삼겹에 X자 모양으로 칼집을 내는 것으로 이 문제를 완벽히 보완했다. 칼집을 넣고 구워보니 벌집 모양이 한결 살아나 보기에도 좋았다.

이제 맛있는 고기를 찾는 일만 남았다. 우리는 여기저기 수소문한 끝에 벌집삼겹살의 돈육을 네덜란드 현지 농가로부터 진공 포장으로 공급받기로 했다. 현재 벌집삼겹살의 가맹점이 260개로 늘어나면서 한 해 국내 네덜란드산 삼겹살 수입량의 절반을 넘는다.

사람 부자 되기 13

이마에 땀을 흘려 그날의 빵을 구하라는 서양 속담은 많은 것을 느끼게 한다. 인터넷이라는 편리한 정보수단이 생기면서 우리의 손과 발이 참 게을러졌다. 하지만 발품을 팔면 반드시 웹세상에서는 얻을 수 없는 것을 가질 수 있게 된다.

새콤달콤, 고객의 입맛을 잡아라!

삼겹살은 굽는 방식과 불판의 특성, 재료의 가공방법에 따라서 맛의 차이가 조금씩 달라진다. 돼지고기의 특유의 맛을 살리면서 누린내를 잡을 수 있는 숙성법 개발을 위해 허브나 와인, 벌꿀, 된장, 매실 등 다양한 재료가 동원되는 것도 이 때문이었다.

벌집삼겹살은 칼집 낸 통삼겹에 매실, 와인 등의 각종 양념에 재워 24시간 저온 숙성해서 삼겹살 고유의 맛은 살리고 돼지 특유의 누린내를 없애는 데 주력했다. 이것을 다시 숯불에 초벌구이하고 고객 테이블에서 다시 한 번 구워 먹을 수 있도록 벌집삼겹살만의 특별한 조리법도 완성시켰다.

벌집 모양의 칼집이 삼겹살의 육질을 부드럽게 한 것이 첫 번째 맛의 비결이라면 두 번째 맛의 비결은 새콤달콤한 특제소스에 있었다.

소스에 삼겹살을 숙성시키는 동안 1차 발효가 이루어져 다른 삼겹살과 맛의 차이가 생겨난 것이다. 이것을 참숯 초벌구이로 익히면 숯향이 고기에 골고루 배이면서 육질도 한층 부드러워진다.

벌집삼겹살의 세 번째 맛의 비밀은 먹는 방법이다. 숯불로 초벌구이한 삼겹살을 테이블에서 구우면 기름기가 한 번 더 빠진다. 여기에 양파초무침과 콩나물, 파채 등 채소를 함께 섞어 먹는 것이 벌집삼겹살의 하이라이트다. 그래서 우리는 부드러운 육질과 잘 어우러지는 이 새콤달콤한 초무침소스에 각별한 공을 들였다.

시대에 맞는 입맛을 제대로 파악하려면 구매욕이 가장 왕성한 젊은층의 취향과 기호를 고려하면 된다. 최근 젊은 사람들이 선호하는 맛의 키워드는 새콤함과 달콤함이다. 건강을 생각하는 젊은 층은 어른 세대처럼 맵고 짠 자극적인 입맛이 아니라 새콤하고 달콤한 감각적인 입맛에 길들여져 있다. 특히 새콤함은 사람의 기억에 오래 남아 또 먹고 싶은 욕구를 불러일으키기도 한다. 입맛이 없거나 맛있는 것을 떠올릴 때 새콤함을 먼저 떠올리는 것도 이 때문이다. 남녀노소 누구나 부담없이 즐길 수 있는 삼겹살에 '새콤 달콤' 한 맛까지 더하니 그야말로 세대를 아우르는 맛잡이가 탄생한 것이다.

예상대로 양념초무침과 익힌 콩나물을 버무린 소스는 구운 삼겹살에 잘 어우러져 사람들에게 단연 인기가 좋았다. 초무침소스는 정 이사의 지인 중 일식 주방장으로부터 힌트를 얻어 개발하게 되었다. 본래는 새콤함이 지금보다 덜했지만 새콤한 맛이 강했으면 좋겠다는 의견에 따라 양파에 매실 야채, 과일, 와인을 섞어 새콤함을 강조했다. 이때 일등공신은 바로 매실이었는데, 매실은 새콤한 맛도 살리고 돼지고기 특유의 누린내까지 잡아주는 역할을 했다. 하지만 매실의 양이 너무 많으면 시큼털털했고 너무 적으면 누린내가 가시지 않아 분량 조절에 적지않게 애를 먹기도 했다.

이 특제소스를 개발하면서 나를 비롯한 회사 식구들이 먹은 삼겹살만 따져도 어림잡아 돼지 몇 십 마리는 족히 될 만큼 질리도록 먹었다. 좋은 노래도 한두 번이고 산해진미도 매일 먹으면 질리는 법이다. 하물며 기름기 많은 삼겹살을 대일 먹어야 하는 고충을 어디에 비할 수 있을까.

소스를 개발하면서 삼겹살을 먹고 동업자들과 사업 얘기를 하며 또 먹고, 사업 파트너들을 접대하면서도 또 먹었다. 한동안 나와 동업자들 몸에서 하루 종일 삼겹살 냄새가 떠나지 않을 정도였다. 어느 날인가 한 이사가 며칠 동안 옷에 삼겹살 냄새가 잔뜩 배어 들어가자 아들이 뾰로통해서 자기 방으로 들어가더라는 것이었다. 나중에 이유를 들어보니 아들이 "나도 삼겹살 좋아하는데 매일 아빠 혼자만 삼겹살 먹고 들어오냐."며 심통을 부렸다는 웃지 못할 일도 있었다. 덕분에 언제나 일정하게 유지했던 내 처중도 자그만치 10kg이나 늘어 원상태로 복구하느라 한동안 애를 먹었다.

그래도 벌집삼겹살을 먹어 본 고객들 입에서 맛있다는 소리가 나오면 삼겹살을 먹던 고충이 눈 녹듯 사라졌다. 시간이 지날수록 매장을 찾는 고객이 늘었고 공략했던 젊은 고객들은 파격적이라며 우리를 추켜세웠다. 그중에는 넌지시 찾아와 비법을 알려달라는 사람도 있었다.

벌집삼겹살은 야채 서비스에 인심이 후한 것이 특징이다. 고깃집에 가면 아마 제일 불편한 것이 야채를 추가로 주문하는 일일 것이다. 야채값이 오르는 장마철이나 겨울철은 상추나 깻잎을 더 달라고 요구하기가 미안해지기도 한다. 그래도 고기는 야채와 함께 먹어야 맛도 좋고 지방의 분해율도 높여준다고 하니 안 먹을 수도 없다.

고깃집 입장에서도 고객들이 고기보다 야채를 많이 먹으면 적자다. 야채는 별도로 돈을 받지도 않으니 주인 입장에서는 줄 수도 안 줄 수도 없으니 혼자 속만 탈 수밖에 없다. 그럼에도 불구하고 벌집삼겹살 매장에서는 오히려 고객들에게 야채를 많이 먹도록 권한다. 야채가 고기와 섞여 더 새롭고 훌륭한 맛을 창출한다고 믿기 때문이다. 당장은 고기보다 야채를 더 많이 먹어 손해를 보더라도 이것으로 전체 벌집삼겹살의 매출을 높일 수 있다면 야채값은 충분히 뽑고도 남는다는 계산이 깔린 것이다. 시골의 꼬치삼겹살집 주인 말처럼 손님이 한두 개 꼬치값을 속인다고 망할 장사라면 하지 않는 것이 더 나을지도 몰랐다. 야채값 무서워 고기장사를 망칠 수 없지 않은가.

그래서 벌집삼겹살에서는 콩나물, 파채, 양파 등을 잘게 썬 야채를 언제나 수북이 제공한다. 이렇게 많이 줘도 되나 싶을 정도로 듬뿍듬뿍 아끼지 않고 담아준다. 매장을 찾는 사람들도 일 인당 2~3접시는 기본으로 해치우고 돌아간다. 여성 고객 중에는 삶은 콩나물을 고기보다 더 많이 먹기도 한다. 아무 양념도 하지 않은 삶은 콩나물은 계속 씹다 보면 입안에 고소한 맛이 맴돌아 두고두고 생각난다는 사람도 있다. 조미료를 섞지 않아 웰빙식품이 따로 없고 고기와 함께 먹을 수 있으니 맛도 좋고 푸짐해 고객 만족도도 계속 올라간다.

대신 벌집삼겹살에서는 일절 다른 반찬이 제공되지 않는다. 삼겹살과 양파초무침소스, 파절임과 콩나물이 전부다. 다른 삼겹살집에서는 줄줄이 곁들여 나온 반찬을 벌집삼겹살에서 모두 없앤 것은 삼겹살의 맛을 높이기 위한 치밀한 전략이다.

일반적으로 반찬이 많이 나오려면 고깃값이 비싸든가, 아니면 고기의 질이 나빠질 수밖에 없다. 서민의 음식인 삼겹살전문점에서 고깃값이 비싸거나 고기의 품질이 나쁘면 장사는 포기하는 것과 다름없다. 벌집삼겹살은 '고깃집에서는 고기가 가장 맛있어야 한다.'는 기본에 충실하고자 식탁 위에 거품을 빼고 고기의 질을 높임으로써 고객 만족도를 높이기로 했다.

사람 부자 되기 14

가수가 노래를 잘하려면 목청을 가다듬어야 하고 육상선수가 달리기를 잘하려면 신발끈을 잘 조여야 한다. 어떤 일이든 성공하고 싶다면 가장 기본적인 것에 충실해야 한다는 뜻이다. 섣부른 기교나 트릭은 공든 탑을 무너뜨리기 쉽다.

눈물의 직영점 1호

　우리의 바람과 달리 초창기 벌집삼겹살은 큰 주목을 받지 못했다. 자금마저 여의치 않아 가맹점을 모집하는 데도 어려움이 컸다. 소스와 메뉴개발, 돈육 구매 등은 이미 마무리되었지만 가장 중요한 가맹점을 확보하지 못해 프랜차이즈 사업에 제동이 걸린 것이다.

　우리는 생각을 바꾸어 지인들의 음식점에 무료로 가맹점을 내줌으로써 가맹점 사업을 시작하기로 했다. 당장은 가맹점 확장에 투자할 자금여력이 없어 선택한 궁여지책이었다. 다행히 벌집삼겹살의 반응이 좋아지기 시작하면서 2006년 상반기부터 본격적인 가맹점 사업에 돌입할 수 있었다. 초창기엔 30평대 중형매장 중심으로 가맹점을 늘려가던 것을 고객들의 호응이 높아지자 50평대 이상의 대형매장으로 가맹점이 확대되었다.

벌집삼겹살은 가맹점을 모집할 때 기존의 매장에서 살릴 수 있는 부분은 최대한 살리는 것을 원칙으로 삼았다. 대신 원가의 인테리어 비용으로 한정식집 못지않게 고급스러운 분위기를 내는 것으로 다른 매장과 차별화를 꾀했다. 벌집삼겹살의 고기와 주요 식자재 유통은 본사가 직접 담당했는데, 필요한 식자재는 충북 오창 공장에서 가맹점으로 일괄 공급하고 불필요한 반찬류를 없애 공급단가를 낮추었다.

무엇보다 벌집삼겹살은 기본적인 메뉴와 조리 재료 일체를 통일해서 공급하고 있어 전문 주방장이 따로 필요 없다는 것이 큰 장점이다. 가맹점주는 본사에서 조리교육만 철저히 받으면 누구나 삼겹살집 사장이 될 수 있다. 서비스도 본사의 매뉴얼에 따라 전 매장이 우수한 수준을 유지할 수 있도록 각별히 신경을 썼다.

벌집삼겹살이 자리를 잡으면서 매운 얼얼이 벌집삼겹살, 양푼 매운 갈비찜, 등갈비, 모듬소시지구이(수제), 김치찌개, 김치찜 등 새로운 메뉴가 추가되었고 그중 입맛을 개운하게 해주는 김치말이 국수는 벌집삼겹살의 별미로 인기가 높다.

밤낮없이 뛴 결과 우리는 어느덧 9개의 가맹점에 벌집삼겹살의 간판을 달게 되었다. 그리고 우리가 바라던 직영점 1호가 방화동에 문을 열게 되었다. 열 번째 벌집삼겹살 매장이었지만 나와 동업자들에게는 벌집만의 모든 노하우가 집약된 진정한 벌집삼겹살 1호점이었다. 이전까지 벌집삼겹살은 인테리어나 양파, 콩나물, 특제소스 등 메뉴가 제공됐지만 직영점처럼 철저한 관리가 어려웠던 것이 사실이었기 때문이다. 그런 점에서 직영점 1호는 특별한 의미가 있는 매장이었다.

직영매장을 오픈할 때도 우여곡절이 많았다. 자금이 없어 개점하는 당일까지 실내에 들어갈 테이블과 집기들이 도착하지 않았던 것이다. 잔금을 치르지 않으면 집기를 배달시켜 줄 수 없다며 업체가 으름장을 놓은 것이다. 결국 밤 9시가 되어서야 테이블이 도착하고 의자가 들어와 부랴부랴 개점할 수 있었다.

사위의 첫 직영점 오픈이라고 일찍부터 찾아오신 장인·장모님과 아내는 매장 인근에서 개점할 때까지 시간을 때워야 하는 웃지 못할 일도 생겼다. 비록 나와 동업자들의 가족이 대부분이었지만 직영점 1호 간판을 올릴 때 벌집 3인방인 한 이사와 정 이사 그리고 나는 누가 먼저랄 것도 없이 눈가가 붉어졌다. 그날 올린 매출로 나머지 집기값을 완납한 우리는 누구보다 열심히 달린 서로를 한껏 칭찬해 주었다.

그 후 벌집삼겹살은 순풍에 돛 단 듯 승승장구했다. 2006년 일년 만에 50개 호점을 돌파했고 순이익도 발생했다. 그 말은 드디어 우리가 월급을 가져갈 수 있는 시점이 됐다는 뜻이기도 했다. 벌집삼겹살을 시작하면서 결혼한 나는 사업이 안정권에 들어서기 전까지 집에 한 번도 월급을 가져가 본 적이 없었다. 대부분의 생활비는 벌집삼겹살과 무관한 외부행사나 강의료로 충당해 왔던 것이다.

2005년 말, 나는 벌집삼겹살을 일구면서 포기하지 않고 꾸준히 재기를 노렸던 교육사업을 완전히 정리했다. 틈틈이 몇 가지 교육사업에 계속 투자해봤지만 이렇다 할 결실을 맺지 못하자 벌집삼겹살에 올인하기로 한 것이다. 그 후 벌집삼겹살은 2007년을 기점으로 매장 수가 폭발적으로 늘어났고 2009년 말까지 260여 개의 매장으로 늘어났다.

어느 날 내가 타고 다니던 자동차의 미터기가 25만 킬로미터를 가리키고 있는 것을 보게 되었다. 벌집삼겹살을 시작하면서 구입한 자동차였는데 4년 만에 25만이라는 엄청난 거리를 달려온 것이다. 쉬지 않고 달려온 그 거리만큼 실패의 쓴 기억으로부터 멀어지고 있다고 생각하니 내 자동차도 나도 대견하기만 했다.

사람 부자 되기 15

열 번 찍어 아니 넘어가는 나무 없듯이 아무리 어려운 일이라도 여러 번 계속해서 애쓰면 이룰 수 있다. 그 생각으로 안 되면 될 때까지 노력하는 것은 나 자신과 타인에게 강한 집념의 결과를 도출해 낼 수 있게 한다.

행사 뛰는 사장님

벌집삼겹살의 법인인 ㈜벌집은 부도 직전의 회사를 인수해 일으킨 회사다. 정식 법인이 설립되면서 벌집을 함께 이끌던 나와 동업자들에게는 새로운 직함이 생겼다. 영업을 담당하는 한성진은 영업이사, 재무를 담당하는 정시옥은 재무이사(후에 나와 공동 대표이사가 되었다) 그리고 나는 마케팅과 전반적인 운영을 담당하면서 대표이사가 되었다.

나는 벌집의 이름으로 일하게 될 직원들에게 일년만 믿고 따라와 달라고 부탁했다. 다행히 직원들은 새로운 회사에 애정을 가지고 열심히 일해 주었다. 지금도 고마운 것은 자신들이 몸담고 있던 회사를 인수했다는 데에 반감을 가지거나 어깃장 놓지 않고 성실하게 따라와 주었다는 점이다.

대표가 되고 보니 피하고 싶을 만큼 힘든 일이 한 가지 있었다. 바로 직원들의 급여를 제때 챙겨주는 일이었다. 특제소스를 개발하고 프랜차이즈 사업을 준비하면서 들어가는 투자비용을 감당하기도 벅찬 상태에서 매월 어김없이 찾아오는 월급날이면 어디로 도망치고 싶은 마음이 굴뚝같았다.

그렇다고 믿어달라고 한 직원들에게 월급날 빈손으로 보낼 수도 없는 노릇이었다. 결국 나는 몸으로 뛰면서 직원들의 월급을 벌기 시작했다. 배운 게 도둑질이라고 아직까지 나를 개그맨으로 기억하는 사람들이 적지않아 행사를 맡을 수 있었고 강의 의뢰도 꾸준히 들어왔다. 다행히 사업을 하면서도 케이블TV에서 진행자로 꾸준하게 얼굴을 내민 탓에 행사료도 적정선을 유지하고 있는 편이었다. 나를 불러주는 곳은 어디든 마다하지 않고 달려갔다. 직원들 월급을 챙겨줄 수만 있다면 대표 체면이 대수냐 싶었다.

특히 추운 겨울철에는 스키캠프의 진행을 맡아달라는 의뢰가 자주 들어오곤 했다. 그때마다 행사비를 조금 적게 받는 대신 회사 직원들을 스키장에 데려가는 조건을 옵션으로 걸곤 했다. 월급도 월급이지만 일에 지쳐 있는 직원들의 사기를 올려주고 싶었기 때문이었다. 다행히 대부분 흔쾌히 수락해주었고 나를 비롯한 전 직원은 스키장에서 모처럼 친목모임을 가질 수 있었다.

비록 나는 실내에서 목이 터져라 행사를 진행했지만 창밖으로 즐거운 비명을 지르며 신나게 슬로프를 내려오는 우리 직원들의 모습에 힘든 줄도 몰랐다. 그렇게 해도 직원들 월급을 못 맞출 것 같은 달에는 야간업소도 부지런히 뛰었다.

간신히 직원들 월급을 챙겨주고 나면 한숨을 돌리는 것은 잠깐이었다. 다시 다음 달 월급 걱정이 앞서 부지런히 행사 스케줄을 잡아야 했다. 그렇게 6개월이 지나자 더 이상 직원들 월급을 위한 행사는 하지 않아도 되는 시간이 찾아왔다. 벌집이 창업 6개월 만에 부채를 다 갚았기 때문이다. 나는 일 년만 믿어달라는 직원들과의 약속을 반년 만에 지킨 셈이었다.

사람 부자 되기 16

리더는 만들어지는 것이 아니라 성장하는 것이다. 리더라는 이름이 빛날 때는 자신을 믿고 따르는 사람들을 위해 최선을 다할 때인 것 같다. 나를 믿어주는 직원들 덕분에 나는 벌집삼겹살 CEO로 성장할 수 있었다.

나의 가장 사랑스러운 동업자들

　벌집삼겹살은 고기에 칼집을 내는 독특한 시도로 고객들의 입맛을 사로잡았다. 그 결과 2006년 벌집삼겹살 체인점은 50호점을, 2007년에는 한 개가 모자란 100호점을 개점하며 새해를 맞게 되었다.

　다녀간 사람들로부터 맛있다는 소문이 입에서 입으로 전해졌고 한 번 찾아온 고객들의 재방문이 이어지면서 호황을 누렸다. 이제 벌집삼겹살은 전국 어디를 가도 만날 수 있는 대표적인 삼겹살의 대명사로 자리 잡게 된 것이다.

　불과 2년 전만 해도 초라한 사무실에서 새해 소망에 꿈을 담았던 나와 동업자들은 누구보다 열심히 노력한 대가를 감사히 받기로 했다. 회사가 안정을 찾아갈수록 안주하지 않고 한 단계 업그레이드시킬 수 있는 여러 가지 방안을 끊임없이 모색했다. 최근 유입인구가 늘고 있는 인천 등 수도권 서·북부 지역을 겨냥해 본사 사무소를 서울 목동에서 신월동으로 이전해 사업 확장도 꾀했다.

벌집이 이처럼 빠른 시간 안에 좋은 성과를 낼 수 있었던 것은 동업자 3인의 철저한 역할분담 때문이다. 현재 나와 정시옥은 공동 대표이사를 맡고 한성진은 영업이사를 맡고 있다. 가맹점을 모집해서 상담하고 계약서를 쓰는 것은 한 이사가 담당한다. 가맹점 계약이 성사되면 인테리어 공사와 각종 집기 일체를 세팅하는 것은 정 이사의 몫이다. 그리고 매장 개점과 더불어 가맹점주 교육을 포함해 장사가 잘 되도록 전방위로 지원하는 것이 내가 하는 일이다.

다행히 우리 세 사람의 역할은 각자의 성격과도 잘 맞는 편이다. 영업사원은 가맹점주들과 만나는 일이 잦고 일의 성격상 술자리도 빈번한 편인데 한 이사가 꼭 그렇다. 그는 우리 셋 중에서 알아주는 주당에다 전반적으로 둥글둥글한 외모에 호방한 성격을 가진 타고난 영업맨이다. 치밀하고 꼼꼼해야 하는 것이 특징인 재무관리는 정 이사의 천직이다. 그는 자신의 지갑 속은 잘 몰라도 회사 공금이 들고나는 일에는 단돈 일 원의 오차도 허락하지 않는 꼼꼼대왕이다.

벌집삼겹살의 재무관리를 맡고 있는 정 이사는 사업초기부터 지금까지 한 번도 우리에게 "돈이 없다."라고 말한 적이 없다. 반면 회사가 안정권에 들어섰을 때도 회사에서 나오는 경조비를 제대로 챙겨받은 적이 거의 없다. 내 아들 돌잔치 축하금은 챙겨도 정작 본인 아들의 돌 축하금을 가져가지 않을 만큼 청렴한 사람이 바로 그다. 아무리 내가 열심히 뛰어도 직원들 월급을 챙겨주지 못할 것 같으면 도깨비 방망이처럼 어디선가 돈을 융통해왔다. 그래서 우리는 부득이하게 직원들의 월급을 주지 못하는 경우가 생겨도 '못 줄만 하구나.'라고 이해하게 된다.

가맹점주들의 불만사항을 직접 해결해야 할 일이 많은 나의 업무는 사람과 만나고 얘기하는 것을 좋아하는 내 적성과 꼭 맞는다. 때로는 가맹점주들의 불만과 푸념을 들어주는 데에만 한두 시간이 우습게 지나가지만 지루하거나 짜증스럽게 느껴진 적은 거의 없다. 오히려 정말 그렇겠구나 싶어 해당 가맹점주들의 불만에 십분 수긍이 간다. 가맹점주들의 불만사항을 들은 후에는 적절한 조치를 취해야 하는데, 이때는 천차만별인 불만사항에 일일이 대처할 수 있는 많은 경우의 수를 확보하고 있어야 한다. 다행히 지난 10년 동안 연예계 생활을 하면서 각양각색의 사람들과 만나서 일한 경험이 큰 도움이 되었다.

나와 한 이사는 벌집삼겹살이 얼마의 회사 자금으로 움직이고 있는지 자세히 알지 못한다. '별다른 잡음이 없으면 회사가 잘 돌아가고 있구나.'라고 정 이사를 믿을 뿐이다. 마찬가지로 정 이사와 나는 영업에 관한한 모든 것은 한 이사에게 일임한다. 우리가 입을 열 때는 그가 먼저 조언과 자문을 구할 때뿐이다. 마찬가지로 매장교육, 슈퍼바이저 파견, 직원관리, 광고마케팅과 회사 운영 전반에 대한 것도 철저히 내 판단 아래 진행된다. 물론 이 모든 일은 한 이사와 정 이사의 전적인 신뢰 안에서 가능한 일이다. 이처럼 벌집은 철저한 분업을 통해 완벽한 화합을 기반으로 움직이고 있다.

나보다 한 살이 위인 정 이사는 도시적인 이미지를 가지고 있지만 자칭 영월 촌놈 출신이다. 반면 한 이사는 별로 고민이 없어 보이는 스마일맨이다. 그는 성격도 호탕하며 특히 목소리가 우렁차 늘 생기가 넘친다. 그가 사무실에 있으면 통화를 하기 어려울 정도로 높은 데 시벨을 자랑한다. 하지만 사업으로 힘들어하는 내게 선뜻 아파트 중도금을 통째로 내줄 만큼 정도 많고 통도 크다. 그 일로 아직도 형수님한테 미안한 마음이 있지만 이렇게 벌집삼겹살로 만회할 수 있으니 얼마나 다행스러운지 모른다.

한 가지 재미있는 것은 우리 셋의 부인 이름에 모두 아름다울 '미(美)' 자가 들어간다는 사실이다. 우리가 처음 만났을 때 한 이사는 이미 기혼이었고 나와 정 이사는 아직 결혼 전이었다. 그런데 약속이나 한 듯 세 명의 부인이 모두 '미' 자가 들어가는 이름을 가진 여성과 결혼하게 된 것이다. 한 이사의 부인 이름은 미정이고 정 이사의 부인은 미나, 내 아내는 미라이다. 우리 세 사람이 동업자를 넘어 인생의 동반자처럼 각별한 인연이라고 생각하는 탓인지 별것 아닌 것에도 이처럼 큰 의미를 부여하게 된다.

나와 동업자들의 아이들도 모두 한 유치원에 다니고 집사람들끼리도 자주 어울리다 보니 이젠 한가족처럼 느껴진다. 우리는 물건 하나를 사도 무조건 곱하기 3이고 콩 반쪽도 3등분으로 나눈다. 제주도에 다녀오면 한라봉도 3박스, 외국에 다녀와도 작은 기념품을 반드시 3개로 구입한다. 5만 원권 지폐가 처음 나왔을 때 일부러 신권을 구해 두 이사의 집에 선물하기도 했다.

나는 함께 일하는 사람들과 되도록 같은 행동반경 안에 들어가는 것을 좋아한다. 갈갈이 삼형제 시절에도 나는 박준형, 정종철과 한 동네에 모여 살았다. 나와 같이 살던 정종철은 결혼한 뒤에도 같은 아파트의 아래층 위층에 살기도 했다. 벌집삼겹살의 두 이사들도 처음에는 각자 다른 곳에 흩어져서 살다가 지금은 반경 1킬로미터 이내에 모여 산다. 심지어 벌집삼겹살 서울 지사장들마저 우리와 10분 이내의 거리에 살고 있어 같은 회사와 거주지를 공유하는 작은 커뮤니티를 이룬다.

어려운 시기를 함께 보낸 사람들이라는 생각 때문인지 기쁨을 나눌 때는 두 배가 되고 슬픔은 반으로 줄어드는 느낌이다. 아마 다시 태어나서 사업을 하게 되더라도 꼭 이 사람들과 다시 만나 함께 사업할 수 있기를 바란다.

사람 부자 되기 17

사람은 혼자 있으면 교만해지기 쉽다. 그래서 사람과 사람은 관계를 맺고 결합하는 일을 게을리하면 안 되는 것이다. 좋은 결합은 시너지 효과를 내서 우리가 상상할 수 없을 만큼 큰 일을 해내기도 한다.

동업하면 정말
사람 잃고 돈 잃을까?

처음 우리가 동업한다고 했을 때 주변에서는 적지않은 우려의 시선이 있었다. 흔히 동업한다고 하면 십중팔구 만류하는 것이 보통의 정서이다. 동업은 돈 잃고 사람까지 잃어 할 게 못 된다는 속설도 있고 실제로 함께 사업을 하다 망한 사례도 주변에서 어렵지 않게 볼 수 있기 때문이다.

믿었던 친구에게 배신당한 이야기, 동업자 몰래 야금야금 뒷주머니를 채워 야반도주한 이야기, 동업자를 믿고 보증 서줬다가 고스란히 빚으로 떠안았다는 얘기 등등. 이젠 너무 흔해서 식상할 정도의 얘기들을 누구나 한 번쯤 들어보았을 것이다.

그런데 좀 더 생각을 해보면 독불장군처럼 혼자 성공한 기업도 많지 않은 건 마찬가지다. 뛰어난 창업주가 있어도 창업자를 돕는 좋은 인재들이 없다면 성공하기 어렵기 때문이다. 나는 반드시 5:5의 동등한 투자비율로 한 사업에 참여하는 것만이 동업이라고 생각하지 않는다. 크게 보면 기업도 하나의 동업이라고 말하지 못할 이유가 없다. 성공하는 사람을 돕는 조력자들의 손길도 엄밀히 말하면 동업의 범주에 넣을 수 있을 것이다.

나는 동업에 대해 긍정적이다. 동업으로 아직까지 사업을 무리 없이 꾸려오고 있기 때문일지도 모른다. 하지만 동업을 부정적으로 생각하는 것은 동업자에 대해 잘 모르는 상태에서 시작해 실패한 경우일 확률이 높다. 무엇보다 돈을 목적으로 동업하는 것은 개인의 욕심을 채우기 위한 협작에 불과하다. 그런 경우의 동업은 나도 반대한다.

적어도 동업을 하고 싶다면 생사고락을 함께 할 수 있다는 신념을 공유하는 사람과 할 것을 권하고 싶다. 단도직입적으로 말하면 내가 일하다 쓰러져도 내 가족에게 꾸준히 소득이 집행될 수 있게 해줄 수 있는 사람들이 동업자들이어야 한다는 것이 내 생각이다. 동업자의 가족을 나의 가족으로 여길 수 있어야 사업파트너로서 균열 없이 오래갈 수 있다.

얼마 전 한 이사, 정 이사와 술을 마셨다. 누군가가 젊은 나이에 죽은 친구 얘기를 꺼냈다. 갑자기 분위기가 숙연해지자 나는 누가 먼저 세상을 떠나게 되더라도 남은 두 사람이 먼저 떠난 사람의 가족을 책임질 수 있으면 좋겠다고 말했다. 그러자 얘기를 듣고 있던 한 이사와 정 이사는 당연히 그래야 하는 것 아니냐며 정색을 했다. 순간 나는 우리의 파트너십을 공고한 우정으로 받아들이지 못하고 있는 것 같아 미안한 마음이 들었다.

공동의 목표가 없는 동업자는 100퍼센트 깨질 수밖에 없다. 우리에게는 본사와 가맹점주가 함께 잘 살 수 있고 오래 가는 회사를 만들겠다는 공동의 목표가 있다. 그래서 흩어지지 않고 지금까지 잘해오고 있는 것이라고 생각한다.

동업할 때 가장 어려운 것이 역시 갈등이 생겼을 때이다. 자칫하면 한 번 어그러진 관계가 계속 나빠져 결별하게 되는 경우도 심심치 않게 생긴다. 그래서 팀이 와해되고 사람 잃고 돈까지 잃게 되는 것이다. 나는 동업자들이 헤어지는 이유는 응어리나 불만을 풀 수 있는 계기가 없기 때문이라고 생각한다. 이때는 관계 악화를 중재해줄 수 있는 사람이 반드시 필요하다.

우리의 경우 한 이사가 '완충맨' 역할을 톡톡히 해주고 있다. 정 이사는 가맹점 계약 후 개점일까지의 업무 일체를 맡고 있고 나는 개점 이후 가맹점 관리를 맡고 있어서 서로 이해가 상충되는 일이 빈번하다. 그 때문에 부딪치는 일이 많지만 이때마다 둥굴둥글한 성격에 융통성이 좋은 한 이사가 적절히 조율점을 찾아준다.

한 이사는 와바라는 주점과 등촌 칼국수라는 외식업을 창업해서 성공을 경험한 영업의 대가다. 또한 정 이사는 비어스카이라는 주류체인점 대표 출신으로 젊은 나이에 체인점을 100개나 운영한 경험이 있는 사람이었다. 나도 개그맨으로 정상에 서 봤고 사업으로 전업하면서 바닥까지 내려가 본 사람이다. 서로 다른 분야에서 활동한 전문가였지만 하나로 뭉친 우리는 동업 이후에도 서로 맡은 분야가 다르다는 사실을 잊지 않으려고 노력한다. 그래서 부딪치지 않고 지금까지 함께 일할 수 있는 것 같다.

언젠가 벌집삼겹살에서 나의 기여도가 어느 정도 되느냐는 질문을 받은 적이 있다. 만약에 영업을 한 이사가 하지 않았다면, 재무관리를 정 이사가 하지 않았다면, 그리고 회사의 전반적인 운영을 내가 맡지 않았다면 아마 지금의 벌집삼겹살은 없을 것이다.

어쩌면 우리는 서로 맞물려야 굴러갈 수 있는 톱니바퀴 같은 사이일지도 모른다. 그러니 나의 기여도는 100을 3으로 나눈 33.3333……. 퍼센트라고 말해야 할 것이다. 명쾌한 자릿수로 나눌 수 없는 기여도, 그게 우리 셋의 관계다. 톱니가 크건 작건 그것은 크게 중요하지 않다. 나를 포함한 우리 세 명의 동업자가 가치를 두는 것은 우리가 만들고 있는 시계, 벌집이 잘 돌아가는 것이다. 이것이 벌집삼겹살이 지금까지 무리 없이 달려온 가장 큰 비결일 것이다.

우리가 삶에서 진정한 동역자나 파트너를 갖는다는 것은 참 멋진 일이다. 어쩌면 또 하나의 인생을 갖는 것과 마찬가지일 수도 있다. 내게 동역자가 생긴다는 것은 양쪽 날개가 생긴다는 것처럼 신나고 흥분되는 일이다.

'3' 이라는 숫자의 힘

나는 3이라는 숫자를 특히 좋아한다. 특별한 이유는 3이라는 숫자는 안정적인 균형감을 주기 때문이다. 세 명이 모이면 두 사람이 힘의 대결을 펼칠 때도 남은 한 사람이 중간에서 조율해줄 수 있다. 셋이 한꺼번에 의견일치를 보는 일이 드물기 때문에 보다 신중하고 깊이 있게 생각할 수 있는 시간을 확보할 수 있어 최선의 결정을 내리기에도 유리하다. 이것이 셋의 힘이다. 아이들이 처음 자전거를 배울 때 두발자전거는 겁내지만 세발자전거는 쉽게 배우는 것도 3이 가진 균형감 때문이다.

나는 2남 1녀의 장남이고 개그맨이 되어서는 세 명으로 구성된 갈갈이 삼형제로 성공했다. 혼자 있었다면 무명으로 묻혔을 우리는 함께 모여 서로의 장점을 극대화하면서 스타가 된 것이다. 일 년 연봉이 겨우 700만 원인 무명 개그맨이었지만 세 명이 뭉치자 한 달에 1억도 벌 수 있게 되었다.

그리고 지금은 나와 두 명의 동업자와 함께 만든 회사 벌집의 대표 이사다. 세 명이 차린 벌집삼겹살은 창업 4년 만에 가맹점 260개를 가진 프랜차이즈로 성장했다. 영업의 달인, 재무관리의 달인, 사람관리의 달인 3인방이 모여 함께 일구는 회사라 그런지 혼자 사업할 때보다 성과도 비교할 수 없을 만큼 크다. 지금 기분대로라면 믿을 만한 사람 둘만 있다면 지구도 들어올릴 수 있을 것 같은 기분이다. 이처럼 3은 내게 행운의 숫자요, 성공을 가져다주는 조합이다.

3은 또한 폭발력을 가진 숫자이기도 하다. 사업을 하면서 나는 젊어 보이는 외모가 약점이 될 수도 있다는 것을 깨달았다. 특히 남자들 세계에서는 나이가 곧 서열이다. 툭하면 남자들이 "민증 까자."고 목청을 높이는 것도 이 때문이다.

그런데 결혼을 하고 아이까지 낳으니 확실히 대접이 달라졌다. 물론 그동안 쌓아온 인생의 연륜이 묻어난 탓도 있겠지만 주변 사람들이나 사회가 나를 진지하게 봐주기 시작한 것은 결혼 이후부터인 것 같다. 그런데 아이가 생기면서부터 나는 완벽한 남자로 인정받는 기분이 들었다. 마치 한 꺼풀 벗은 나비가 비상하는 기분이라고 하면 적절한 표현일까.

벌집삼겹살을 시작할 즈음 나는 아내와 결혼을 했다. 개그맨을 그만두고 사업을 하면서 만난 아내는 나의 어렵고 힘든 과정을 처음부터 끝까지 지켜본 유일한 사람이었다. 고맙게도 아내는 내게 사업을 그만두면 좋겠다고 말한 적이 단 한 번도 없다. 집에 차압딱지가 붙어도 벌집삼겹살 초기에 월급을 가져다주지 못해도 걱정이나 잔소리 대신 "당신은 꼭 성공할거야."라며 나를 위로했다.

그러다 첫아이가 생기고 우리집 식구는 세 명으로 늘어났다. 내가 좋아하는 3의 조합이 이뤄진 것이다. 아이가 생기니 가장인 내 어깨는 더 큰 책임감으로 무거웠다. 두 명 먹여 살려야 한다는 책임감이 곱절이 되었다. 그런데 책임감이 나를 억누르기는커녕 더 열심히 일할 수 있는 원동력으로 바뀌는 것이 느껴졌다. 막말로 자식이 생기면 세상에 못할 일이 없는 것 같았다. 평소에는 하지 않을 궂은일도 주저 없이 하게 된다. 어린 자식을 본 부모는 세상도 부드럽게 보기 때문에 '좋은 사람'이 될 확률도 높지 않을까 싶다. 어디까지나 내 생각이긴 하지만 말이다.

공교롭게도 벌집삼겹살이 소위 대박 난 시점도 우리 가족이 세 명이 될 무렵부터였다. 첫아이는 황금돼지해인 2007년 1월 1일에 태어났다. 연예인이 아기를 낳는 것이 뉴스거리가 되다 보니 예정일보다 일찍 태어난 아이가 화제가 되었다. 자연스럽게 내가 벌집삼겹살의 대표라는 사실이 알려지면서 이승환의 아들이 황금돼지해에 태어났다는 문구가 그대로 마케팅 소스가 되었다. 다시 한 번 '3'의 기적이 일어난 것이다.

살면서 믿을 만한 사람 한 명을 만들기도 힘들다는데 두 명은 어쩌면 욕심일지도 모른다. 그럼에도 불구하고 나는 개그맨 시절에도, 사업을 하는 지금도, 한 가정의 가장으로(지금은 아들이 하나 더 생겨 내 명이 됐지만) 3이 가진 폭발력을 사랑하게 되었다.

그래서 나는 일이 잘 풀리지 않는 후배들을 만나면 결혼하라고 애기한다. 세상천지 사람만큼 믿을 게 없다고 절망하는 후배한테는 빨리 결혼해 아기까지 낳으라며 한술 더 뜬다. 적어도 결혼해 배우자가 생기고 자식까지 낳으면 세상에 나를 믿어줄 사람을 최소한 두 명은 확보하는 셈이니 이보다 더 확실한 보험이 어디 있겠는가. 그런 가장은 결코 망하지 못한다.

사람 부자 되기 19

벤자민 프랭클린은 아버지는 보물이요, 형제는 위안이며, 친구는 보물도 되고 위안도 된다고 했다. 가족은 내게 늘 최고의 선물이었고 친구는 새로운 세상으로 날아갈 수 있는 도구였다. 나는 이 세 가지를 중시하는 자만이 성공할 수 있다고 생각한다.

Chapter 3 사람 쫓으니 돈이 모였다

2005년 초에 1호점을 시작으로 4년 반 만에 벌집삼겹살은 260호점의 문을 열었다. 총매출액만 200억, 금융위기 이후 잠시 주춤했지만 전국 260호 매장을 무난히 돌파했다. 단일 브랜드에서 소모되는 삼겹살만 따져봐도 전국 1, 2위를 다투는 막대한 양이다. 전국의 웬만한 도시에는 체인점이 다 들어가 있고 삼겹살 마니아라면 벌집삼겹살에 한 번쯤 다녀갔다고 믿어도 좋다.

200억 매출 달성한 마케팅

아이디어를 높인 T자형 책상 배열

방송국 공채 개그맨이 되면 일정기간 연수를 거친 후에는 일이 있을 때만 방송국에 출근하면 된다. 일종의 프리랜서가 되는 셈이다. 그렇게 10년을 살다 보니 사업을 시작하면서부터 매일 출근과 퇴근을 반복하는 생활이 여간 곤혹스럽지 않았다. 오랫동안 출퇴근 없이 자유롭게 일하던 습관이 몸에 뱄는지 매일 9시 출근, 6시 퇴근이 족쇄처럼 느껴지기도 했다.

그런데 더 적응하기 어려운 것은 대표랍시고 하루 종일 방안에 혼자 앉아 있어야 하는 것이었다. 대표의 업무라는 것이 회사의 중요사항을 결정하는 일이 대부분이다. 결정이 끝난 다음부터는 모두 직원들이 해야 할 일이어서 그때부터 딱히 할 일이 없어진다. 간혹 필요한 자금을 마련하고 대외적으로 만나야 할 사람을 만나는 일이 생기기도 하지만 그런 업무가 매일 있는 것도 아니었다.

매일 방송국에 모여 동기들과 떠들고 이야기하면서 아이디어를 쏟아내던 습관이 몸에 배인 나는 혼자 있는 시간이 답답하고 비생산적으로 느껴졌다. 사람들과 계속 이야기하고 떠들어야 주옥같은 아이디어도 나오는 법이었다. 결국 나는 내 방을 회의실로 활용하도록 하고 책상을 직원들이 일하는 사무실로 옮겼다. 그리고 업무의 효율성을 높이기 위해 각 책상마다 낮은 파티션을 쳤다.

그렇게 해놓고 보니 나와 직원들 책상은 서로 마주볼 수 있는 'T'자형으로 배치되었다. 서로 얼굴을 보고 대화하기 안성맞춤인 구조가 된 것이다. 업무사항을 전달하기도 쉽고 간단한 안건은 앉은 자리에서 결정할 수 있어 시간도 절약되었다. 또한 자유롭게 이야기할 수 있는 분위기가 조성되면서부터 제법 쓸 만한 아이디어도 나오기 시작했다. 그중 벌집삼겹살의 테이블이 원탁으로 결정된 것도 바로 T자형 책상 배열에서 나온 아이디어의 산물이다.

대수롭지 않을 것 같지만 음식점의 테이블 모양은 수익에 적지않은 영향을 끼친다. 사각테이블은 네 명이 앉을 수 있지만 원탁은 최대 여덟 명까지 앉을 수 있다. 음식점은 대개 기본 세팅이 4인 기준으로 이루어진다. 그런데 원탁의 경우 의자를 놓기에 따라 6~8명까지 앉을 수 있으니 4인용 세팅으로 여덟 명까지 고객을 받을 수 있게 된다는 결론이 나온다. 매장 입장에서는 한 번의 세팅으로 사각테이블보다 두 배 많은 고객을 받을 수 있으니 이득이라는 쪽으로 의견이 모아졌다.

나 : 그렇다면 공간 활용을 줄여야 한다는 얘긴데, 원탁은 사각테이

블보다 자리를 많이 차지하지 않을까?

　직원A : 맞아요! 테이블 위에 물잔, 앞접시, 기본 양념통, 수저통, 거기에 계산서까지 놓으려면 비좁아져서 고객들이 불편해 할 거 같아요.

　직원B : 수저통을 테이블 밑에 달아보면 어떨까요?

　나 : 그거 좋은 생각인데?

　직원C : 얼마 전 어떤 가게에 갔더니 계산서에 걸개를 달아서 의자 뒤편에 걸더라구요. 이 방법도 괜찮지 않아요?

　나 : 오케이 접수!

단번에 테이블의 골칫거리인 수저통과 계산서가 해결되었다. 그렇게 해서 벌집삼겹살 매장은 원탁의 테이블 밑에 수저통을 부착하고 계산서는 의자 등받이에 걸 수 있도록 만들어지게 되었다.

또한 벌집삼겹살 매장의 테이블에는 종업원을 부르는 벨이 없다는 것이 특징이다. 처음에는 고객의 요구에 신속하게 대처하려면 필요하다는 의견이 지배적이었다. 하지만 벨이 울려도 종업원이 신속하게 달려오지 않으면 더 기분이 상한다는 어느 여직원의 말에 모두 수긍을 하게 되었다.

"음식점에서 벨 눌렀는데 빨리 안 올 때가 제일 짜증나요. 그럴 거면 뭐하러 벨을 달아두는지 모르겠어요!"

빙고. 고객들은 벨을 누르면서 직원들이 쏜살같이 달려올 것이라고 생각하지만 바쁜 매장일수록 직원들은 더디게 올 수밖에 없다. 그렇게 되면 고객의 불만은 높아지고 벨은 이미 호출의 기능을 상실한 채

화풀이용으로 전락하게 된다는 거다. 그때부터 테이블 위의 벨은 고객의 불만을 접수하는 불만엽서통과 다를 게 없으니 있느니만 못하게 된다. 그래서 벌집삼겹살은 아무리 큰 매장이라도 종업원을 부르는 벨이 없다. 대신 고객이 불편함을 느낄 때마다 귀신같이 나타나는 발빠른 종업원만 있을 뿐이다.

지금도 나는 T자형 배열의 사무실에서 근무한다. 나처럼 답답했는지 한 이사와 정 이사의 책상도 내 것처럼 모두 밖으로 나와 있다. 일하는 공간이 지나치게 오픈되어 있기 때문에 불편한 점이 있는 것도 사실이다. 어쩌면 나나 우리 이사들보다 직원들이 느끼는 불편함이 더 클 것이다.

게다가 나는 직원들과 눈이 마주치면 뭐든 물어보는 버릇이 있다. 실제로 업무진행 상황을 알아보기도 하고 슬쩍 직원의 업무능력을 체크하기도 한다. 내 질문을 받은 직원은 대답하기 위해서 열심히 자료를 찾고 확인해야 한다. 직원 입장에서는 한시도 긴장감을 늦출 수 없으니 적잖은 스트레스가 되리라는 걸 모르는 것은 아니다. 하지만 서로 의논하고 결정하는 일에서 얻어지는 고효율의 T자형 책상 배열을 당분간 포기하고 싶지는 않다.

사람 부자 되기 20

만일 성공에 중요한 열쇠가 있다고 하면 그것은 권한을 위임하는 일이다. 그러나 역할을 분담하고 책임을 맡기는 일이 서툰 리더나 회사의 오너들을 종종 볼 수 있다. 훌륭한 리더는 찾을 수 있는 한 가장 좋은 사람을 고용하고, 능력에 맞게 대우하며, 그들을 신뢰하는 리더이다.

매장에 내 사진을 걸지 마세요

많은 연예인이 자신의 인기를 사업에 활용한다. 실제로 연예인의 인기가 사업에 도움이 되는 건 사실이다. 얼굴이 알려진 연예인을 사업의 전면에 내세우면 아무래도 고객에게 매장의 인지도를 빨리 알릴 수 있고 높은 매출로 이어질 수도 있다. 하지만 이름 팔아 시작한 사업은 실패했을 때 이름도 함께 무너진다는 함정이 있다.

연예인은 광고 한 편으로 뜨고 질 수도 있다. 좋지 않은 스캔들이나 사회에 무리를 일으킨 연예인이 광고시장에서 즉각 퇴출되는 것도 이와 무관하지 않다. 바로 연예인의 이미지와 상품의 브랜드가 동일시되기 때문이다.

나는 최악의 경우를 원천봉쇄하기 위해 처음부터 벌집삼겹살 전면에 얼굴을 드러내지 않았다. 벌집삼겹살 매장에 내 사진을 일절 걸지 않은 것도 이런 이유다. 그나마 캐리커처가 등장한 것도 내가 벌집삼겹살 대표라는 사실이 알려진 최근의 일이다. 이 사실이 알려지면서 결정한 일이지만 실제 사진만큼은 걸지 않을 생각이다.

나는 벌집삼겹살을 시작하면서 단 한 순간도 내 이름을 팔아 사업하지 않았다는 점을 당당하게 생각한다. 사업 초기 벌집삼겹살이라는 이름 앞에 '개그맨 이승환'이라는 이름을 넣자는 유혹이 없었던 것은 아니다. 심지어 갈갈이 삼형제를 활용하자는 제안도 있었다. 하지만 갈갈이는 박준형, 정종철 그리고 내가 함께 만든 공동명의의 브랜드였다. 내 개인의 이익을 위해 사용한다는 것은 말도 안 되는 일이었다.

개그맨을 그만두고 사업을 시작하면서 나는 철저하게 사업가로만 평가받고 싶었다. 그래서 내 얼굴을 마케팅에 활용하지 않는 것을 철칙으로 여겨왔고 지금껏 지켜왔다. 삼겹살집에 삼겹살이 맛있어서 찾아오는 고객과 개그맨 이승환의 얼굴을 보기 위해 찾아오는 고객은 분명 차이가 있다. 후자는 일종의 거품이다. 거품이 빠지면 매장의 생명력이 끊어질 수밖에 없다. 결국 브랜드만으로 경쟁력을 갖춰야 롱런하는 매장으로 살아남을 수 있는 것이다.

몇 차례 실패를 겪으면서도 나는 이 고집만큼은 꺾지 않았다. 교육사업을 시작했을 때 에듀몬TV의 대표이사를 고충령 선배로 세운 것도 이런 이유 때문이다. 교육사업은 교육프로그램으로, 외식사업은 맛으로 승부하면 될 일이었다. 무엇보다 내 이름값 없이도 충분히 성공할 수 있다는 자신감이 있었다. 벌집삼겹살에 고객이 늘어나면 벌집삼겹살에 대한 칭찬과 믿음이 생겨날 것이고 그때 나를 공개해도 늦지 않다는 생각이 컸다.

　지금 와서 생각해봐도 그 결정은 참 잘한 일이었다. 지금은 벌집삼겹살이 호황을 누리면서 자연스럽게 내 이름이 대중에게 알려지게 되었다. 100호점을 오픈하자 몇몇 매체에서 맛집 취재를 나오기 시작했다. 찾아온 기자들은 "고기 맛있다, 누가 하는 거야?"라며 서로 묻기 바빴다. 그러다 벌집삼겹살 대표가 나라는 사실을 알자 적지않게 놀라는 눈치였다.

　벌집삼겹살 가맹점에서도 나의 존재를 모르기는 마찬가지였다. 내가 사장인 줄 몰랐던 지방의 한 매장 직원들은 내가 나타나자 개그맨 느끼남이 찾아왔다며 사인을 해달라고 종이를 내밀기도 했다. 어느 매장에서는 종업원이 다가와 가맹점주와 친인척 관계라도 되느냐 넌지시 물은 적도 있다. 그때마다 나는 "제가 다녀갔다고만 전해주세요."라며 아이스크림이나 음료수 봉지를 슬며시 내려놓고 조용히 나오곤 했다.

　솔직히 연예인이 사장이라는 선입견은 가맹점주들이 더 심했다. 기껏 이름만 빌려주는 '얼굴마담' 정도로 나를 여기는 눈치였다. 하지만 가맹점을 개점하거나 매장의 일손이 달리면 언제든지 달려가 홀서빙을 하거나 가맹점주들의 불만사항을 꼼꼼히 체크하고 처리하는 내 모습에 어느 순간 나를 대하는 태도가 달라지기 시작했다.

　더욱 반가운 것은 맛있는 삼겹살집이 생겼는데 개그맨 이승환이 하는 사업이라는 말이 더해지면서 벌집삼겹살과 나에 대한 브랜드 가치가 함께 상승했다는 것이다. 사람들은 벌집삼겹살만의 특유의 맛을 사랑했고 이와 함께 왕년의 개그맨이었던 나의 사업실력까지 더 인정해주기 시작한 것이다.

내가 원하는 것은 이처럼 '개그맨 이승환'이라는 이름이 가장 마지막에 공개되는 것이었다. 할 수만 있다면 얼굴이 공개되지 않았으면 더 좋았을 것 같다. "어떤 사람이 있는데 사업을 열심히 해서 성공하더니 좋은 일도 참 많이 하더라."라는 평가만으로도 충분하기 때문이다.

연예계를 떠나 사업가로 평가받고 싶지만 과거 연예계의 생활은 현재 하고 있는 사업에 여러모로 도움이 되는 것도 부인할 수 없다. 특히 회사에 행사나 이벤트가 있을 때 친분이 있는 동료나 후배 연예인들에게 참석을 부탁하기가 수월하다.

가끔은 지방에 공연 간 후배들에게 근처 벌집삼겹살 매장에서 식사할 수 있도록 해주기도 한다. 힘든 시절을 함께 겪어온 선배로서의 정도 있고 맛집에 연예인이 찾으면 저절로 홍보도 되니 누이 좋고 매부 좋은 일이기 때문이다. 덕분에 연예인 중에서도 벌집삼겹살 단골들이 꽤 많다. 최근에는 벌집삼겹살의 죽통주에 흠뻑 빠진 슈퍼주니어의 김희철이 벌집삼겹살의 단골고객으로 비공식 홍보요원을 자청하고 나섰다.

하지만 분명한 것은 주변 연예인들의 도움은 단순히 조력일 뿐 내 사업 운영의 전부는 아니라는 거다. 능력 있는 사장은 눈길을 끄는 이벤트나 반짝 행사 없이도 일년 내내 고객을 끌 수 있는 시스템을 가지고 있어야 하기 때문이다. 앞으로도 나는 연예인이라는 강력한 무기를 마케팅에 활용하지 않고 순수한 경영전략, 제품개발 등 모든 사업을 손과 머리, 발로 일구어 낸 것을 끝까지 자랑스럽게 여기며 사업을 계속 하고 싶다.

사람 부자 되기 21

　사람의 인연은 결코 쓸모없는 관계는 없다. 모든 경험과 만남은 자신에게 강력한 무기로 쓰임 받을 것을 준비하는 총알이 될 것이다. 하찮은 관계일수록 더욱 소중히 여기는 지혜가 필요하다.

환율 상승으로 얻은 사랑

한때 프랜차이즈 창업이 유행이었던 적이 있다. 프랜차이즈의 장점은 제품공급과 판촉 및 운영에 관련된 노하우 일체를 체인 본사가 지원하기 때문에 개인이 단독으로 운영하는 사업에 비해 상대적으로 실패확률이 적다는 장점이 있다. 반면 정해진 본사의 규칙을 따라야 한다는 점에서 독창성이 떨어진다. 어떤 사업이든 장단점이 있으니 결국 선택은 창업자의 몫이다.

프랜차이즈 사업을 시작하지 않았더라도 나는 일등 하는 회사보다 오래 가는 회사를 만들기 위해 노력했을 것이다. 회사의 수명이 길어지려면 관계를 맺고 있는 단체나 개인과의 신뢰가 기본이다. 그래야 서로 윈-윈(win-win) 할 수 있기 때문이다.

2008년 환율이 치솟았을 때의 일이다. 한창 상승곡선을 타던 벌집삼겹살도 위기를 맞게 되었다. 벌집삼겹살에서는 100% 원산지 표기를 한 네덜란드산 삼겹살을 수입해 제공하는데 새해 벽두부터 유가가 폭등해 삼겹살 수입원가가 하루가 다르게 치솟은 것이다.

당장 들여오는 수입가가 큰 폭으로 오르자 고민이 깊어졌다. 다른 프랜차이즈 업체에선 이미 공급가를 올리기 시작할 무렵이었다. 하지만 우리는 평소 가족처럼 여겼던 가맹점들을 보호하기 위해 손해를 감수하고 공급가를 올리지 않기로 결정했다. 벌집삼겹살은 일년만 하고 그만둘 사업이 아니었기 때문이다.

8월이 되면서 겨우 유가가 진정되나 싶더니 이번에는 외환이 요동쳤다. 달러당 원화 값이 900원에서 1,550원으로 상승한 것이다. 환율이 오르면서 고깃값도 덩달아 올라 소비자가와 납품가를 맞추기 힘든 상황까지 내몰렸다. 만일 전국 매장에서 환율 그대로 고깃값을 받는다면 매장들이 줄도산할 게 뻔했다. 이미 다른 고깃집은 줄줄이 문을 닫기 시작했다.

고민 끝에 벌집삼겹살 본사는 이번에도 가맹점 공급가를 올리지 않기로 결정했다. 어차피 환율은 떨어질 것이고 본사가 매장을 지켜주면 도산하는 다른 체인점들과 달리 살아남을 것이라는 계산이 깔렸던 것이다. 더 근본적인 이유는 가맹점들이 살아야 본사가 살아남을 수 있기 때문이었다.

물론 일시적인 외환폭등으로 수입가가 40% 넘게 오르는 동안 가맹점에 양해를 구하고 공급가를 6%만 올린 시기도 있었다. 하지만 소비자가는 그대로 둔 채 공급단가만 올린 가격도 석 달 뒤 다시 원래대로 낮췄다. 소비자가는 올리지 말자는 암묵적인 동의하에 납품가가 소량

올랐지만 가맹점주 누구 하나 싫은 소리를 하는 사람이 없었다.

결국 벌집은 모든 손실을 본사가 부담하기로 하고 환율이 오르기 전과 동일한 가격으로 고기를 납품하기로 최종적으로 결정했다. 매달 3억 원 이상 발생하는 환차손은 고스란히 본사가 떠안은 결과 30억이라는 막대한 손실이 발생했지만 결과는 대성공이었다.

프랜차이즈 사업에서 가장 중요한 가맹점주들의 신뢰를 얻었기 때문이다. 본사가 가격을 올리지 않은 것에 대해 가맹점주들의 감사 편지와 전화가 줄을 이었다.

"어려운 시기인데도 이렇게 장사를 할 수 있게 해주셔서 너무 감사합니다. 힘들다고 회사를 다른 곳에 팔지 마시고 언제까지나 함께 해주세요."

편지 곳곳에는 본사의 마음을 알아준 가맹점주들의 감동이 그대로 실려 있었다. 또한 제주 은갈치부터 포항 과메기까지 전국 각지에서 보내 온 선물로 쇄도했다. 한 가맹점주는 본사로 직접 찾아와 직원들 회식에 쓰라며 돈뭉치를 내놓고 가기도 했다.

"이거 우리 매장 하루 매출이요. 당신들이 없었다면 이 돈도 내 것이 아니니 연말에 직원들한테 따뜻한 밥 한 끼나 사주시오."

강남점 가맹점주였던 그가 내놓고 간 돈뭉치는 자그만치 500만 원이었다. 은행원 출신으로 손대는 족족 사업에 망하고 벌집삼겹살로 인생역전에 성공한 그는 은행원 출신답게 환차손 막느라 허리가 휘어진 본사의 마음을 누구보다 잘 헤아렸던 것이다.

밥 한끼를 먹기엔 너무 큰돈이었지만 한사코 만류하는 바람에 모처럼 본사 직원들은 시름을 털고 풍족한 망년회를 할 수 있었다. 그 가맹점주가 놓고 간 돈다발은 우리의 결정이 결코 헛되지 않았음을 보여주는 증거이기도 했다. 환율파동 이후에는 신종플루가 또 한차례 휩쓸고 지나갔지만 그럴수록 벌집삼겹살 식구들의 가족애는 더욱 끈끈해졌다.

벌집삼겹살로 프랜차이즈 사업을 시작한 것이 2005년, 처음에는 솔직히 '돈'에 대한 관심이 더 많았다는 사실을 부인하기 어렵다. 하지만 매장을 열고 싶다고 찾아온 사람들을 만나면서 내 생각은 바뀌었다. 가게 하나가 전 재산인 그들을 만나면서 절대 이 사람들을 망하게 하는 일은 없어야겠구나 하는 생각이 들었다.

어떤 사람은 일생을 일해 온 퇴직금으로, 누군가는 사고로 잃은 남편의 목숨값으로, 누군가는 거듭되는 실패 끝에 마지막 희망처럼 벌집삼겹살 매장에 모든 것을 걸었다. 지금도 기억나는 가맹점주 중에 쌍둥이를 둔 한 가장이 있었다. 벌집삼겹살 매장을 내고 싶다며 상담을 하러 온 그는 한사코 서울에 매장을 내고 싶어 했다. 하지만 그가 가진 자본금으로는 쉽지 않은 일이었다. 나는 그에게 지방으로 내려가면 벌집삼겹살 매장도 내고 아파트도 마련할 수 있을 것이라고 조언을 해주었다. 결국 대전으로 이사를 결심한 그는 현재 벌집삼겹살 사장으로 잘 살고 있다.

흔히 프랜차이즈 업계에서 회사 운영 4년이면 떼돈을 번다는 게 정설이다. 하지만 벌집은 유가손과 환차손을 막으면서 그동안 벌었던 돈을 대부분 까먹은 상태다. 그래도 후회는 없다. 원칙을 지켰고 무엇보다 우리가 품고 있는 매장을 지켜줄 수 있다는 사실만으로도 아직 나는 가진 것이 많은 사람이니까.

사람 부자 되기 22

학자 박지운에 의하면 "목자(牧者)가 어린 양에게 하듯, 부모가 어린 자식에게 하듯 그 관리자는 사나운 태풍으로부터 방파제의 역할을 다해야 한다."고 했다. 사람관계도 마찬가지다. 최선을 다하는 것은 신뢰를 쌓아가는 초석이며, 위기에 빠졌을 때 큰 보배의 선물로 다가오게 될 것이다.

본사와 가맹점주는
서로 통(通)하라

소위 대박집을 가보면 주인의 성향이 큰 역할을 한다는 것을 알 수 있다. 주인의 성격이나 성향에 따라 매장은 180도 달라진다. 똑같은 고기를 팔아도 잘 되는 집이 있고 안 되는 집이 있는 이유의 대부분은 주인 탓이다.

장사가 잘되는 매장의 사장 얼굴은 하나같이 밝고 환하다. 사장의 얼굴이 밝으니 매장 분위기도 환해지고 일하는 직원들도 덩달아 신이 난다. 그뿐인가. 찾는 고객도 기분이 좋아져 매출도 쑥쑥 오른다. 그렇다면 장사가 잘 되니까 사장의 표정이 밝은 것일까, 아니면 사장의 표정이 밝으니 고객이 많이 찾아오는 것일까.

나는 웃는 사장이 고객을 부른다는 쪽에 손을 들어주고 싶다. 주인이 행복하고 즐거우면 행복 바이러스가 직원들과 고객들에게 전염된다. 누구나 음식점에 들어갔을 때 기분이 좋아지는 곳을 선택하기 마련이다. 이것은 가게의 터나 주인의 운세와 상관없이 주인 스스로 만들어낸 능력이다.

장사 잘하기로 소문난 벌집삼겹살의 한 가맹점 중에 별명이 스마일맨인 가맹점주가 있다. 항상 싱글벙글 웃는 그 가맹점주는 고객이 가장 많은 황금시간대에는 절대 자리를 비우지 않고 테이블을 돌면서 고기도 잘라주고 그들과 농담도 주고받는다. 얼굴에 언제나 웃음이 떠나지 않으니 고객들은 덩달아 기분이 좋아지고, 그 김에 "1인분 추가요!"를 외친다. 이 매장의 매출이 쑥쑥 오르는 것은 전혀 이상할 일이 아니다.

벌집삼겹살은 2005년 초 1호점을 낸 지 4년 반 만에 서울, 경기, 강원, 경상, 충청, 전라 지역 등 전국 곳곳에 260개의 가맹점을 열었다. 여유가 없어 광고와 마케팅을 제대로 못했던 초기에는 인터넷과 블로거들의 입소문을 타고 고객들이 찾아왔다. 다행히 아직까지 장사가 안돼 문을 닫은 곳이 한 군데도 없고 매장 재계약률도 꽤 높은 편이다.

가맹점주 중에는 나보다 더 부자인 사람도 많고 여러 차례 사업이 망해 마지막 희망처럼 벌집삼겹살을 선택한 경우도 있다. 그런가 하면 자금이 여의치 않아 모두 망하고 나온 점포에 가까스로 매장을 연 가맹점주도 있다. 자금 사정이 여의치 않은 가맹점주를 위해서는 A급보다 B, C급 상권을 선택해 창업비용을 줄이는 전략을 유도하기도 했다. 그럼에도 그들 모두가 위기를 잘 넘기고 저마다 대박집으로 자리잡을 수 있었던 것은 가맹점주와 본사 사이의 쌓인 돈독한 신뢰 때문이 아닐까 싶다.

벌집삼겹살은 전단이나 신문에 광고를 제대로 하지 못한 대신 가맹점주들에게 본사의 지원과 서비스 강화에 신경을 많이 썼다. 주변 상권에 대한 철저한 분석, 가맹점 교육, 고기와 소스 등 유통을 본사가 직접 관리해 음식의 맛과 질을 철저하게 잘 관리한 것이다. 고객 불만이 세 번 접수된 가맹점은 엄격히 단속하고 장사를 잘한 가맹점은 각종 이벤트를 지원해 주는 채찍과 당근 정책을 적절히 활용했다. 특별한 광고나 창업 설명회 없이 고객이나 가맹점주들의 추천, 소개를 통해 가맹점을 확장해 왔다는 점은 나를 자랑스럽게 한다.

다행히 가맹점주들의 본사에 대한 만족도는 70%를 웃돌고 매장을 두 개 이상 운영하고 있는 가맹점주도 전체 가맹점주의 20%를 차지한다. 이중 벌집삼겹살 가맹점을 가장 많이 가지고 있는 가맹점주는 다섯 개까지 운영하고 있으며, 매장매출로만 50억 원에 달하는 대박매장도 있다.

간혹 가맹점주와 본사 사이가 매끄럽지 못한 경우도 있다. 대학가에 자리잡은 B가맹점주의 매장은 전국에서 고객 불만율이 높은 곳으로 유명하다. 다행히 입지조건이 좋아 매출이 높은 편이지만 종업원이 불친절하고 서비스가 좋지 않다는 의견이 끊이지 않는 곳이기도 하다.

솔직히 프랜차이즈 본사가 가맹점의 미세한 서비스 차이까지 단속하기에는 무리가 있다. 게다가 본사 대표랍시고 나이가 지긋한 가맹점주에게 함부로 질책할 수도 없는 노릇이었다.

고심 끝에 그 매장을 찾은 나는 주방에서 고기를 자르고 있던 가맹점주를 돕기 시작했다. 그러다 주름진 그의 손을 잡고는 "힘드시죠? 그래도 건강 챙기시며 일하세요."라고 말했다. 그랬더니 자신의 매장에 대한 평가를 모르지 않은 그는 "내가 장사를 오래 하던 버릇이 있어서 쉽게 고쳐지질 않네. 좀 더 부드럽게 해보지 뭐."라고 대답하는 것이었다.

옛날방식으로 장사를 오래 해오던 가맹점주 중에는 간혹 현대적인 감각에 보조를 맞추는 데 어려움을 느끼기도 한다. 다행히 그날 이후로 B가맹점주의 매장에 대한 불만도는 다소 줄어드는 기미를 보이기 시작했다. 나는 이것이 가맹점주와 내가 서로 통했기 때문이라고 생각한다. 진심이 또다른 진심에게 말을 걸면 이렇듯 서로 통하기 마련이다.

대개 프랜차이즈 사업은 가맹점 확장에만 주력한 나머지 사후관리는 뒷전인 경우가 많다. 이런 경우 가맹점들이 줄줄이 폐업하는 일도 다반사다. 가맹점 모집에만 급급한 사업주는 당장 자기 배는 채울 수 있어도 가맹점주들과 함께 윈윈하기는 어렵다.

벌집삼겹살의 호황의 비결을 물어올 때마다 나는 가맹점주의 공(功)을 제일 먼저 언급한다. 가맹점주들의 전폭적인 신뢰가 밑거름이 되지 않았다면 지금의 벌집삼겹살은 존재할 수 없기 때문이다. 그러고 보면 결국 고기를 파는 이 사업도 사람을 얻는 일과 다를 게 하나도 없는 것 같다. 나는 260개의 가맹점주를 확보한 벌집 대표가 아니라 260명의 알토란같은 사람을 얻은 사람 부자인 것이다.

사람 부자 되기 23

진심어린 열정과 가슴으로 뛰는 사람, 콩 한쪽도 나눠먹는다는 각오로 다가오는 사람은 그 누구도 막지 못한다. 사람의 마음을 움직일 수 있는 배려와 신뢰로 다가가라. 그리고 꿈과 희망을 공유하라. 이것이 조직을 움직이고 성장시키는 원동력이 될 것이다.

젊은 가게에 젊은 가맹점주가 정답?

체인점이 260여 개나 되다 보니 가맹점주들도 각양각색이다. 나이 차도 많이 나고 전직도 화려하다. 24살의 어린 가맹점주가 있는가 하면 65세 이상 된 연륜이 높은 가맹점주도 있다. 이미 다른 프랜차이즈 업체에서 매장을 운영해 본 경험을 가진 가맹점주도 상당수다.

가맹점주들은 저마다의 방식으로 매장을 운영하는데 각자 가지고 있는 노하우를 십분 활용한다. 그런데도 잘되는 매장이 있는가 하면 좋은 조건임에도 고객이 없어 안타까움을 주기도 한다.

나는 평소 매출이 높은 매장을 자주 방문하는 편이다. 성공한 매장 은 저마다 특색이 있기 마련인데, 잘되는 매장 대부분은 가맹점주가 젊다는 것이 특징이다. 젊은 점주가 운영하는 가게는 일단 매장 분위 기가 젊고 활기도 넘친다. 전체적으로 생동감이 넘치고 종업원들도 싹싹하다.

그 매장에 들어온 고객들도 자연스럽게 젊은 분위기에 동화된다. 술 한 잔을 마셔도 즐겁게 마시고 깔끔하게 돌아간다. 가맹점주가 젊으면 매장에서 일하는 직원들의 평균연령이 젊어지고 찾아오는 고객의 연령대도 낮다.

반대로 연륜이 있는 가맹점주가 운영하는 매장은 상대적으로 차분하고 조용한 분위기를 만든다. 매장은 깨끗하게 관리되며 술을 마시는 고객들도 주사를 부리는 일이 적고, 젊은 층보다는 가족 단위의 고객들이 많이 찾는다. 할 이야기도 많고 에너지도 넘쳐 시끌벅적 떠들며 즐기는 젊은층 고객 입장에서는 조용한 매장 분위기가 부담스러울 수 있다.

그렇다면 나이 많은 가맹점주는 젊은 매장을 운영할 수 없는 걸까? 물론 가능하다. 벌집삼겹살의 1호 매장을 운영하는 가맹점주는 예순 살이 넘은 고령이다. 젊은 층을 공략하기 위한 공격적인 마케팅을 실시하고 싶었던 본사로선 연세가 지긋한 가맹점주를 두고 적잖게 걱정했던 것이 사실이다. 게다가 벌집삼겹살 1호점이라는 이유도 무시할 수 없었다. 첫단추가 잘 꿰어져야 나머지도 척척 꿰맞출 수 있을 것이기 때문이다. 하지만 정작 매장을 열고 장사를 시작하는 순간 우리 모두의 걱정은 눈 녹듯 사라졌다.

개업하는 날 1호점 가맹점주는 청바지에 화려한 반팔셔츠 그리고 두건에 화려한 액세서리까지 단단히 무장한 채 고객을 맞이하는 것이었다. 평소에 그는 연배에 맞게 점잖은 옷을 즐겨 입지만 교회에 갈 때와 매장에 나올 때만큼은 깨끗하고 젊어 보이는 옷을 골라 입는다고 했다.

　누구보다 젊은 생각을 가진 1호 가맹점주는 나이 어린 종업원과도 잘 어울렸다. 말에도 센스가 넘쳐 젊은 층 고객들도 스스럼없이 대했다. 재미있는 최신 유행어도 줄줄 꿰고 있었고 침울해 보이는 고객의 테이블에는 재미있는 농담으로 분위기를 띄워주기도 했다. 덕분에 이 매장은 지금도 1호점의 상징적인 의미와 함께 성공한 매장으로 소개되고 있다.

　가맹점주 중에는 근엄하게 무게를 잡는 경우도 더러 있다. 그런 매장의 경우는 전반적으로 고객이나 직원들의 말과 행동이 조심스러워 보이기도 한다. 신기하게도 그 같은 가맹점주들은 대부분 무채색 계열의 옷을 즐겨 입는데 어쩌다 밝은 톤의 옷을 입으라고 권하면 영 어색해 한다. 나는 그런 가맹점주들에게 차라리 유니폼을 입어볼 것을 권해본다.

　사람은 옷 하나로도 마음가짐이 달라진다. 멀쩡한 회사원도 예비군복을 입으면 벌써 모자부터 비뚤어 쓰게 된다. 경찰이나 은행원이 제복을 입는 것은 자신이 하고 있는 일에 책임감을 느끼게 하고 일을 보다 효율적으로 하기 위해서다. 유니폼을 입어 프로의식이 생기고 직원과 고객들이 편해질 수 있다면 청바지와 화려한 두건 못지않은 효과를 낼 수 있다는 것이 내 생각이다.

　나는 전국에 있는 벌집삼겹살 매장이 젊고 활기가 넘치기를 바란다. 활기있고 살아있는 매장을 운영하는 것은 젊은 가맹점주도, 나이 든 가맹점주도 아니다. 젊은 생각을 가진 가맹점주만이 활기 넘치고 건강한 매장을 운영할 수 있다. 그런 매장에 가보면 실제 가맹점주의

나이를 가늠하기 어렵다. 그러니 나이는 숫자에 불과한 것이 아니고
무엇일까.

사람 부자 되기 24

서로에게 눈높이를 맞추는 것은 서로 소통하기 위한 첫걸음이
다. 하지만 상대의 입장에서 생각하는 것이 쉽지는 않다. 하물며
상대와 생각을 같이 하기란 더욱 어려울 뿐이다. 하지만 분명한
것은 상대와 눈높이를 맞추고 상대 입장에서 생각한다면 상대를
얻을 수 있다는 것이다.

그 매장에는
아주 특별한 것이 있다

같은 음식을 팔아도 대박 나는 매장이 있고 쪽박 차는 매장이 생기기 마련이다. 뒤집어 말하면 같은 프랜차이즈 매장이라도 가맹점주만의 대박 노하우가 있어야 성공한다는 뜻이다.

삼겹살집에서 고기 다음의 주요 매출 품목은 소주다. 삼겹살에 소주 한 잔이라는 말이 서민들의 저녁 회식 메뉴의 텍스트인 것만 봐도 알 수 있다. 소주는 차갑게 냉장되어 고객에게 신선한 이미지를 주는 것이 포인트다. 이를 잘 파악한 한 벌집삼겹살 매장에서는 소주병에 빨간 천을 돌돌 말아 냉동시켜 제공해 큰 매출을 올린 사례가 있다.

바쁜 시간에 차가운 소주를 제때 공급하기 위한 궁여지책으로 생각해 낸 한 가맹점주의 아이디어였다. 처음에 그 매장에서는 붉은 천을 손수건 크기로 잘라 반을 접은 다음 차가운 물에 담갔다가 냉동시켜 소주에 감아 내보냈다. 그러다 얼린 붉은 천을 소주에 감아 급속 냉동시켜 테이블에 내놓기 시작했다. 소주병에 빨간 천을 말아 급속 냉동시키면 시원함이 오래가고 시각적으로도 강렬한 인상을 주어 한층 더 맛있게 보였다.

반응은 폭발적이었다. 고객들은 '레드소주'라고 애칭을 붙여주며 좋아했고 브랜드 소주를 찾던 고객들도 차츰 국적불명의 벌집삼겹살표 레드소주를 찾기 시작했다. 덕분에 레드소주는 그 벌집삼겹살 매장의 트레이드마크가 되었다. 레드소주로 재미를 본 가맹점주는 거기서 멈추지 않고 붉은 접시에 고기를 담아내는 레드세트를 개발했다. 레드소주를 마시던 고객들이 자연스럽게 레드세트를 주문하도록 유도한 것이다.

또한 이 매장에서는 고객이 많이 몰리는 이른바 황금시간대를 앞당긴 마케팅을 성공시키기도 했다. 대부분의 매장엔 6시부터 9시 사이에 고객이 집중된다. 고객이 몰리다 보면 대기시간이 늘어나고 자연스럽게 불만도 생기기 마련이다. 참을성이 적은 사람은 아예 다른 집으로 이동하기도 한다. 복잡한 프라임시간대를 피해 고객이 올 수 있도록 유도하고 싶었던 그 가맹점주는 매장을 처음으로 찾는 고객들을 위해 소주나 음료를 서비스로 제공하기 시작했다.

우선 출입구와 가까운 테이블 순서로 소주나 맥주 혹은 음료수를 서비스로 올려놓았다. 출입구와 가까울수록 테이블 위에 서비스 음료가 많아지고 멀수록 서비스 음료가 적어지는 식이다. 매장에 첫 번째로 들어오는 고객들은 누구나 서비스 음료가 많이 올려져 있는 출입문과 가장 가까운 곳의 테이블을 차지하고 싶어한다.

이처럼 출입문과 가까운 테이블을 차지하는 고객에게 많은 혜택을 제공한 이유는 고객들이 매장을 일찍 찾도록 유도해 붐비는 시간을 효율적으로 활용하고, 고객들을 출입구 쪽에 많이 앉힘으로써 매장 밖에 있는 사람들에게 장사가 잘되는 매장처럼 보일 수 있게 하는 효과를 기대할 수 있기 때문이다.

프라임시간이 지나면 밤 10시 이후부터는 고객의 발길이 조금 뜸해지기 마련이다. 이런 경우 고객들을 매장에 조금 더 머물게 하면서 테이블 단가를 올리는 방법이 필요하다. 이 가맹점주는 10% 할인율을 적용해주는 대신 10시 이후에 판매하는 소주병 뚜껑 위에 500원짜리 동전을 붙이는 재치를 발휘했다.

가맹점주는 고객들이 동전 모으는 재미에 소주를 더 주문해서 좋고 고객들은 계산할 때 모은 동전만큼 술값을 할인받아 좋으니 이야말로 누이 좋고 매부 좋은 일이다. 게다가 카드로 계산하더라도 공짜로 받은 동전만큼은 현금으로 계산하기 마련이니 현금매출을 올려 카드 수수료도 절약된다. 결국 그 가맹점주의 발상의 전환은 매출을 극대화시키는 훌륭한 마케팅 전략이 되었던 것이다.

벌집삼겹살의 반찬은 양파초절임에 생콩나물과 파절임이 전부다. 고기를 먹다 보면 보통 몇 점이 남기 마련이고 함께 먹던 야채도 남게 된다. 음식이 남으면 남기는 고객도 찜찜하고 잔반을 처리해야 하는 음식점 입장도 난처하다. 고객 테이블에 나간 반찬들을 처리하려면 음식물 처리비용이 만만치 않기 때문이다.

한 가맹점주가 이 문제를 기가 막힌 방법으로 해결했다. 벌집삼겹살 매장엔 기본적으로 콩나물, 양배추, 샐러드가 기본으로 제공되는데 이는 아주 훌륭한 비빔밥 재료가 된다. 거기에 착안한 그 가맹점주는 식사를 마친 테이블에 밥이 담긴 양푼을 들고 가 손수 비빔밥을 만들어주기 시작했다.

남긴 야채와 고기를 섞고 고소한 참기름과 고추장으로 비비기만 하면 맛좋은 비빔밥으로 변신했다. 고객들은 덤으로 비빔밥을 먹어서 좋고 가맹점주는 비싼 돈을 주고 버려야 하는 잔반을 활용할 수 있으니 일석이조였다. 삼겹살을 먹고 나면 으레 된장찌개와 밥, 또는 냉면을 먹기 마련인데 밥 한 공기와 양푼 하나만으로 훌륭한 메뉴 하나가 더 탄생한 것이다.

벌집삼겹살 매장에서는 재미있는 이벤트도 자주 열린다. 그중 대표적인 것이 크리스마스 시즌이면 열리는 큰입선발대회다. 삼겹살을 쌈에 싸 먹으려면 입을 크게 벌려야 한다는 점에 착안한 행사로 크게 벌린 입을 폴라로이드로 찍어 보내면 그중 가장 큰입을 선정해 상품을 주는 이벤트다. 그 외에도 블로그에 벌집삼겹살에 대한 글을 올린 네티즌을 선정해 외식상품권을 주거나 3월 3일, 3월 13일, 3월 30일 등 3자가 겹치는 날을 삼겹살 먹는 '333' 데이로 정해 다양한 행사를 펼치기도 한다.

단골고객이 늘어나자 입구에 단골전용 출석부를 마련해 놓은 매장도 있다. 마치 직원들이 출근부를 찍듯 출근 도장을 찍도록 하는 것이다. 고급 와인바처럼 마시던 소주를 정성껏 보관해 주는 매장, 고객의 방문 횟수나 동행한 고객의 수에 따라서 무료로 술을 제공하는 매장, 벌집삼겹살을 사랑해 주고 소개해 주는 젊은 고객들을 위한 매장 등

가맹점주들이 날마다 새롭게 선보이는 마케팅의 향연은 아무리 봐도
질리지 않는 개그콘서트 같다.

사람 부자 되기 25

새로운 아이디어나 기획은 사람들에게 호감과 관심의 대상이
될 수밖에 없다. 그래서 창의적인 사람은 어디서든 환영을 받는
다. 사람관계나 일이나 세심한 아이디어가 있다면 활기차고 신바
람이 나지 않던가? 인류의 역사도 작은 아이디어에서 출발된 것
처럼 성공하는 사람에게 일어나는 모든 일들도 그러하다. 나는
노력하지 않는 천재보다, 노력하는 둔재가 더 행복하다고 믿는다.

즐거울 '樂' 마케팅

날마다 참신한 아이디어를 쏟아내야 하는 개그맨 중에는 머리가 좋은 사람들이 많다. 김용만, 신동엽은 IQ가 140대이고 자랑은 아니지만 147인 나도 한 번 보고 들은 것을 잘 기억하는 편이다.

언제나 아이디어를 쏟아내야 하는 개그맨은 사업가로 전업하기 좋다는 게 내 생각이다. 특히 아이디어로 승부해야 하는 마케팅은 개그맨의 잠재력을 발휘할 수 있는 좋은 분야다. 벌집삼겹살 매장이 개점하는 날에도 나는 재미난 아이디어로 사람들의 이목을 집중시키는 이벤트를 열고는 한다.

그중 기억나는 것이 있다. 우선 나레이터 모델들에게 '벌집 미스 진(眞)', '벌집 미스 선(善)', '벌집 미스 미(美)' 등의 글씨가 쓰인 띠를 두르게 한다. 대부분 예쁜 모델들이 마치 미스코리아 대회처럼 띠를 두르고 있는 것을 보고 그냥 지나치려고 했던 사람들도 발길을 멈춘다. 뒤늦게 개업식 오프닝 행사라는 것을 알게 된 사람들은 흥미를 느껴 매장 안으로 들어오게 되는데, 사람들의 이목을 끌고 매장 안으로 들어오게 만들었으니 이 미션은 성공한 셈이다.

한 번은 이런 개점식을 치른 적도 있었다. 스무 명 정도의 사람들에게 '벌집삼겹살' 이라는 글귀가 쓰여진 똑같은 티셔츠를 입혀서 한곳에 서 있도록 했다. 그 사람들에게 10초쯤 서 있다가 일제히 사방으로 흩어진 후 다시 모이기를 반복하도록 했다. 지나가던 사람들은 신기한 퍼포먼스를 보는 것처럼 그들 주변을 둘러싸기 시작했다. 사람들이 많이 모이면 스무 명이 일제히 벌집삼겹살 매장 안으로 뛰어들어가도록 해 사람들을 유도한 적도 있었다.

이처럼 천편일률적인 개점식의 풍경은 약간만 손보면 색다른 볼거리와 관심거리로 변신시킬 수 있다. 가족단위 고객이 많은 지역에서 매장을 열 때는 삐에로나 키다리 아저씨 등 아이들이 좋아할 만한 캐릭터를 적극 활용했다. 재미있는 의상을 입은 사람들이 함께 사진도 찍고 풍선도 만들어주는 모습에 아이들은 금세 빠져든다. 아이들이 오면 부모들은 따라오게 되어 있으니 이 프로모션도 성공적으로 끝났다.

나는 마케팅에 '즐거울 樂' 을 많이 쓰려고 노력한다. 마케팅이라고 하면 많은 돈을 들여야 된다는 선입견이 많지만 내 생각은 좀 다르다. 생각만 조금 바꾸면 가지고 있는 것만으로도 충분히 큰 효과를 거둘 수 있다. 돈이 적게 드는 프로모션은 일단 가맹점주들도 환영하기 때문에 본사 입장에서 제안하기도 수월하다.

말이 나온 김에 돈도 들지 않고 사람을 기쁘게 해주는 마케팅 팁 몇 가지를 더 들어보겠다. 처음 개점식을 할 때 가장 많이 들어오는 선물이 바로 화분이다. 개점식 하루를 빛내기 위해 존재하는 축하화분은 개점 다음날부터는 처치곤란이다.

멋없이 크기만 한 나무화분이나 온갖 정성을 쏟아야 꽃 한 송이 필까 말까 한 난 화분은 솔직히 가맹점주 입장에서 그리 반갑지는 않다. 그러다 죽기라도 하면 흙은 흙대로 화분은 화분대로 걸러 버려야 하니 버릴 일도 수고스럽게 느껴질 것이다. 하지만 축하 화분의 본래 기능을 기억한다면 매장에 활력을 불어넣는 화려한 장신구로 얼마든지 변신이 가능하다.

삼겹살집은 단골고객도 많지만 항상 새로운 사람들이 찾는 곳이다. 이때 축하 화분을 매장 밖에 잘 진열해서 관리하면 날마다 새롭게 개점하는 매장 분위기를 낼 수 있다. 개점하는 매장은 고객에게 기대감을 갖게 한다. 혹시 개업 떡이라도 공짜로 먹을 수 있거나 첫날만큼은 제공되는 음식도 푸짐하고 재료도 신선한 것으로 선별해 사용할 것이라는 기대감 말이다. 이쯤되면 잘 가꾼 개업화분 하나가 호객꾼보다 낫지 않을까. 결국 '오픈발'을 길게 가져가고 싶다면 축하 화분 관리를 잘 해보자. 잘 키운 화분 하나가 고객도 부르고 매장도 살릴 수 있다.

돈 안 들이고 고객을 끌어 모으는 방법은 또 있다. 바로 인사다. 벌집삼겹살의 종업원들이 어디 내놔도 빠지지 않는 게 바로 인사성이다. 고객들과 눈이 마주칠 때마다 생글생글 웃으며 인사 하나는 기가 막히게 잘한다.

일반적으로 식당에 가보면 종업원들이 인사는 하지만 고객의 눈을 마주보며 인사하는 직원은 많지 않다. 하지만 "어서 오세요."라는 겨우 다섯 글자를 말하는 동안이지만 고객과 눈을 맞추고 환영한다는 메시지를 심어주는 것이 의외로 큰 효과가 있다는 사실을 잊으면 손해다.

그러한 친절한 인사법에 익숙하지 않은 고객 입장에서는 다소 부담스럽거나 어색할 수 있다. 바로 그것이 이 마케팅의 핵심이다. 자리에 앉아 고기를 시키고 서비스를 받을 때 친절하게 대답하고 정성껏 서비스 한다면 고객은 점차 미안한 마음이 들게 된다.

고객을 자리로 안내한 후에도 5초 정도 테이블에 머물러보자. 습관적으로 메뉴판을 내려놓고 사라지는 종업원과 "여기 시원한 물 있습니다."라며 물컵을 내려놓고 5초 동안 테이블에 머무는 종업원. 어떤 종업원 앞에서 고객이 자리를 뜨기가 더 어려울까. 짧은 시간이지만 테이블을 지키는 종업원 앞이라면 혹시 마음에 들지 않아 자리를 박차고 일어나려던 고객도 별 수 없이 메뉴판을 들춰 주문할 수밖에 없을 것이다. 종업원의 5초가 갈등하는 고객을 잡아주는 셈이다.

누군가 잡아주지 않으면 고객은 언제든 매장을 나갈 수 있다는 생각을 해야 한다. 매장에 들어온 고객에게 모든 매장 직원들이 집중하고 있다는 느낌, 대접받고 있다는 느낌을 가지게 하는 것이 중요하다. 고객과 눈을 마주치고 하는 인사 5초가 매출로 이어지는 순간이다. 매장을 둘러볼 때 장사가 잘 되는 집은 십중팔구 가맹점주와 종업원의 립서비스가 훌륭한 곳이라는 사실을 명심할 필요가 있다.

고객을 편안하게 모시는 것도 좋지만 반대로 고객을 불편하게 하는 것도 일종의 마케팅 전략이다. 불판 위에 고기가 두어 점 남아있는데 싹싹한 종업원이 불판을 갈아준다고 치자. 대부분 그만 먹을 것이라는 의사를 밝히고 불판 갈아주는 것을 사양할 것이다. 그때 종업원이 미소를 지으며 "남은 고기 한 점이라도 맛있게 드실 수 있게 해드리겠습니다."라고 말한다면 고객은 어떤 반응을 보일까. 이때 한 테이블이라도 "이왕 불판을 갈았으니 일 인분 더 먹어볼까."라고 추가주문을 해온다면 이 마케팅은 성공이다. 불판 하나가 매출로 이어지는 순간인 셈이다.

사람 부자 되기 26

손님이 왕이라는 말이 있다. 자신을 왕대접하는 사람이 있다고 생각해 보자. 결코 그 사람을 잊지 못할 것이다. 그래서 진심을 담은 훌륭한 서비스를 제공받은 사람은 그 기억을 쉽게 지우지 못하는 법이다.

벌집을 채우는 사람들

내가 벌집삼겹살을 운영한다는 사실이 알려지면서 많은 사람이 나를 찾아왔다. 함께 군생활을 같이 했던 동기나 오래 전 연락이 끊겼던 친구, 하다못해 봉사활동에 나갔다가 외식상품권 보내주겠다고 했던 사람들도 잊지 않고 나를 찾아왔다. 그중 유독 기억 남는 한 사람이 있다.

어느 날 이름을 알 수 없는 사람으로부터 우편물이 배달되었다. 봉투 안에는 프랜차이즈 시장과 벌집삼겹살을 분석한 듯한 노트 두 권의 제안서와 일기 등이 들어있었다. 자신을 28살 청년이라고 소개한 그는 5년 동안 장사를 하면서 느낀 점을 정리한 노트와 함께 벌집삼겹살에서 일하고 싶다는 편지도 함께 동봉했다.

그가 보낸 노트를 살펴보니 놀랍게도 벌집삼겹살이 성장해가는 모습을 제법 꼼꼼하게 분석해 놓았다. 그는 갖가지 아르바이트를 했던 경험과 직접 장사를 했던 다양한 경험까지 적어 놓았고 실패와 성공 요인도 조목조목하게 잘 정리해 놓았다. 그는 나와 같은 외식 프랜차이즈를 이끄는 대표가 되고 싶다며 내 밑에서 일을 배우고 싶다고 했다. 그순간 나는 사람들이 내가 판 삼겹살만 먹지 않고 그 속에 숨겨진 꿈도 함께 먹는 것 같아 마음이 뿌듯했다.

가능하다면 그 청년이 일할 수 있는 자리를 마련해주고 싶었지만 아쉽게도 본사에는 인력이 모두 차있는 상태라 청년의 바람대로 해주기 어려웠다. 하지만 꿈 하나만 가지고 앞뒤 없이 달려봤던 나는 청년이 언젠가는 자신의 꿈을 이룰 수 있을 것이라는 응원의 메시지가 담긴 답장을 보내주었다. 혹시 그가 이 책을 읽고 있다면 그때 이후로 얼마큼 꿈과 가까워졌는지 물어보고 싶다.

"저, 사장님! 제가 결혼을 하게 됐습니다."

지원과에서 근무하는 김남용 과장이 어느 날 불쑥 청첩장을 가지고 찾아왔다. 벌집삼겹살에서 매장을 계약하고 관리하는 일을 해온 김 과장은 성실하기로 알려진 벌집의 창립멤버였다. 비록 대학을 나오진 못했지만 누구보다 성실한 태도로 일해 언제나 다른 직원에게 모범이 되는 사람이었다.

"그런데……, 여기 사직서도 있습니다."

"결혼한다면서요? 그럼 더 열심히 일해야지."

나는 그처럼 열심히 일하는 직원을 놓치고 싶지 않아 그만두려는 이유를 물었다. 그런데 뜻밖에 김 과장은 지방에 벌집삼겹살 매장을 열게 될 것 같다고 했다. 좀 더 자세한 이야기를 들어보니 처가에서 매장을 차릴 수 있도록 도와주었다는 것이다.

그런 일이라면 백 번 축하해도 모자랄 일이었다. 그런데 한 가지 더 흥미로운 것은 김 과장이 결혼할 수 있게 도와준 중매쟁이가 바로 벌집삼겹살이라는 점이다. 우리 회사는 성실하고 열심히 일하는 직원들이 많다. 그래서인지 유독 가맹점주들이 중매를 자주 서는 편이다. 개점을 앞두고 밤을 새워 다음날 무사히 개업식을 치를 수 있도록 일하는 직원들이 가맹점주들 눈에 예쁘지 않을 수 없으리라. 김 과장의 그런 모습을 눈여겨보던 한 가맹점주가 자신의 딸을 소개해 사위로 삼게 되었던 것이다.

벌집을 둘러싼 사람들은 본사와 가맹점주, 그리고 매장을 찾아오는 고객으로 나눌 수 있다. 특히 260개 매장의 가맹점주들 중에는 독특한 이력과 사연, 개성을 가진 사람들로 넘쳐난다. 우리와 생사고락을 함께한 초창기 직원들은 참 고생도 많았다. 고속도로를 달리다가도 벌집삼겹살 물류차량을 보면 괜히 흐뭇해지기도 한다. 우리를 믿고 처음 프랜차이즈 가맹을 맺어준 가맹점주들 역시 고생으로 따지면 직원들 못지 않다. 그래서인지 이젠 벌집사람들을 보면 모두 가족같이 느껴진다.

사람 부자 되기 27

　덕이 있는 사람의 향기는 바람을 타고 사방으로 퍼진다고 한
다. 그렇다면 열심히 일하는 사람의 땀내는 주변 사람들에게 성
취동기를 불러일으키는 것 같다. 행복 바이러스처럼 부지런하고
성실한 일꾼의 땀은 금세 감염된다.

고기에 꿀 발랐어요?

벌집삼겹살을 찾는 고객들은 간혹 "고기에 꿀 발랐어요?"라는 농담을 하곤 한다. 이런 표현을 빌려 안됐지만 벌집삼겹살을 마약과 같다고 너스레를 떠는 고객도 많다. 한 번 먹어본 사람은 며칠 지나면 코끝에서 삼겹살 굽는 냄새가 솔솔 풍겨 오지 않고는 못 배긴다는 열혈 팬도 있다. 어떤 사람은 오전 11시에 일찌감치 점심으로 벌집삼겹살을 먹고 1시에 친구 만나서 또 먹으러 온다. 이쯤 되면 벌집 마니아라고 불러도 손색이 없을 정도다.

벌집삼겹살은 유난히 마니아들이 많은 편이다. 처음 입소문이 나게 된 것도 이곳을 다녀간 사람들이 자신의 블로그에 벌집에 대한 상세한 정보를 올리면서부터다. 벌집삼겹살을 먹고 간 고객들이 사진을 찍어 블로그나 카페에 글을 올리면서 사람들의 입소문이 마케팅 역할을 대신한 셈이다.

벌집마니아 중에 유독 기억에 남는 사람이 있다. 영업을 한다는 30대 후반의 한 남성 고객은 수리를 하기 위해 출장을 다니면서 점심은 항상 벌집삼겹살에서 해결한다고 했다. 우연히 그의 수첩을 볼 기회가 있었는데 구미, 창원 등 전국 지역별 벌집삼겹살의 전화번호가 빼곡히 적혀 있었다. 지방 출장을 다닐 때 벌집삼겹살을 찾기 쉽게 하기 위해 전화번호를 적어두었다고 했다. 그는 간혹 자신이 출장 다닌 지역에 벌집삼겹살 매장이 없으면 본사로 전화를 걸어 빨리 가맹점을 만들어달라고 떼를 쓰기도 한다.

그가 지방으로 출장갈 때면 식사를 무조건 벌집삼겹살에서 해결하는 이유는 맛 때문이기도 하지만 또 다른 이유가 있다. 낯선 지방에서 섣불리 식당에 들어갔다가 낭패 보기 십상이지만 삼겹살은 실패할 확률이 낮다는 것이다. 게다가 벌집삼겹살은 전국 어디나 맛이 똑같으니 어디를 가더라도 만족스럽게 즐길 수 있다는 것이 그의 벌집삼겹살 예찬론이다. 그 이야기를 듣고 기분이 좋아진 나는 그의 다이어리에 크게 사인을 해주었던 기억이 난다.

가맹점주들의 벌집 사랑도 못 말리긴 마찬가지다. 벌집은 다른 프랜차이즈와 달리 가맹점주들 간의 단합이 잘 되는 편이다. 시시때때 모여 휴가를 가거나 모임이 있을 때도 벌집삼겹살을 찾아다닌다고 한다.

한 번은 강원도에 사는 한 가맹점주가 제주도로 놀러갔다가 제주 벌집삼겹살을 먹고 왔다는 얘기에 한참 웃은 적이 있다. 제주도에 가면 으레 특산음식인 제주 똥돼지가 떠오를 것이다. 그런데 그 가맹점주는 문득 제주도 벌집삼겹살은 맛이 어떤가 궁금해 제주도 벌집삼겹살을 찾아 삼겹살도 먹고 제주 가맹점주와 인사도 나누고 돌아왔다는 것이다.

나는 이런 얘기를 들을 때마다 벌집삼겹살 매장이 한가족처럼 느껴진다. 실제로 벌집삼겹살 매장을 찾아올 때는 고객이지만 매장을 나갈 때는 모두 가족이 되어 나간다. 그래서 벌집가족들은 깊은 속내도 털어놓는다. 벌집삼겹살 게시판에 올려 놓은 후기를 보면 삼겹살 맛있다는 말만큼 사사로운 뒷이야기들도 참 많다.

삼겹살을 앞에 두고 사랑을 고백했다는 스무 살 청년도, 나와 같이 멋진 장사꾼이 되고 싶다는 어느 젊은 백수의 포부도, 한바탕 부부싸움을 하고 나서 실컷 삼겹살 먹고 화해했다는 부부의 얘기까지 애틋한 사연들로 넘쳐난다. 그들은 힘든 세상살이에 상사 험담을 안주삼아 늘어놓고 가뿐한 마음으로 돌아가기도 하고, 어려운 형편에 벼르고 별러 아이들에게 삼겹살 먹이러 온 가난한 가족도 있다. 벌집삼겹살이라는 울타리 안에 희노애락이 모두 담겨 숨 쉬고 있으니 이들이 벌집가족이 아니면 무엇일까.

나는 고객이 왕이란 말을 별로 좋아하지 않는다. 수직적 관계는 어느 한쪽이 불편한 마음이 들게 마련이고, 그처럼 일방적인 관계는 오래 지속되기 어렵기 때문이다. 그래서 고객 대신 가족이라는 표현을 즐겨 쓴다. 벌집에 일하는 사람이나 벌집에 삼겹살을 먹으러 온 고객이나 벌집을 운영하는 회사나 모두 한가족인 것이다. 나와 두 명의 동업자의 힘으로 세워졌지만 지금의 벌집삼겹살은 많은 사람의 관심과 사랑으로 계속 성장하는 벌집가족인 것이다.

사람 부자 되기 28

'마호메트'는 최고의 인생 마케팅은 '사랑'이라고 했다. 선한 마음은 선한 결과를 낳는다. 모든 이를 다 사랑할 순 없지만 적어도 좋은 사람, 나쁜 사람 가리지 않고 모든 사람에게 착한 사람이 되고 싶다. 그것이 내가 생각하는 가장 큰 마케팅이다. '세상에 가장 귀한 것을 사람에게 주어라!' 이것이 사람 부자의 가장 기본적인 마음이 아닐까 싶다.

새로운 시장을 만들어가는 재미

벌집삼겹살은 두툼한 삼겹살에 무수한 칼집을 내고 매실, 야채, 과일, 와인으로 만든 소스에 저온 숙성한 후 숯불에 초벌구이로 기름을 빼고 고객 테이블에 올려진다. 사람들은 그 고기를 테이블 위에서 다시 굽고 양파초무침에 적셔서 콩나물, 파채와 함께 먹는다. 이렇게 먹는 삼겹살은 냄새도 나지 않고 양념에서 우러나는 새콤달콤한 맛이 삼겹살에 스며들어 그동안 맛볼 수 없었던 전혀 새로운 맛을 탄생시켰다.

처음 벌집삼겹살을 맛본 고객들은 비교 대상이 없는 새로운 맛에 쉽게 적응하지 못했다. 종업원을 부르는 벨이 없는 것도, 삼겹살집답지 않게 고급스러운 실내 분위기도, 무엇보다 이 모든 서비스에도 불구하고 삼겹살 1인분의 가격이 5,900원을 넘지 않는다는 것에 의아해

했다. 그러나 생소한 맛과 분위기, 서비스에 선뜻 접근하려는 용기를 내지 못했던 사람들도 점차 벌집삼겹살의 매력에 빠져들었다.

인터넷에서 벌집삼겹살이 맛있다는 칭찬이 줄을 잇자 그 이름에 기대는 유사업체들도 많이 늘었다. 심지어 벌집삼겹살을 유통 도매하는 업체도 생겼다. 우리와 똑같이 만들어 도매도 하고 영업도 한다. 상호, 인테리어, 고기 맛은 비슷하게 따라할 수 있을지 몰라도 벌집만의 차별화된 맛과 시스템, 서비스는 절대 쫓아오지 못한다고 감히 자부한다.

고기에 칼집을 내어 벌집이라고 말할 순 있어도 벌집삼겹살의 오리지널리티를 따라올 수 없다는 뜻이다. 그것은 벌집삼겹살은 벌집에서 만드는 외식 프랜차이즈라는 인식이 많은 사람에게 굳어졌기 때문이다. 이를테면 대표명사 하나를 만들어낸 셈이다.

새로운 시장을 만들어내는 것은 언제나 즐거운 일이다. 개그맨 시절 인기 있었던 '갈갈이 삼형제'도 마찬가지다. 예전에는 갈갈이라는 단어에 좋지 못한 뜻이 담겨 있었다. 갈갈이는 사타구니가 가려워지는 좋지 못한 병을 이르는 속된 표현으로 쓰였다. 그런데 지금은 '갈갈이'하면 자동적으로 갈갈이 삼형제를 떠올린다. 박준형, 정종철, 이승환이 갈갈이 삼형제로 세상에 나온 뒤로 속어로 쓰이던 '갈갈이'는 유쾌한 웃음을 주는 개그 3인방을 뜻하는 단어로 바뀐 것이다. 벌집이라고 하면 벌통을 떠올리던 예전과 달리 이제는 벌집삼겹살을 떠올리는 것과 마찬가지다.

새로운 시장을 개척하려면 피눈물 나는 고생이 필수다. 모든 사업이 그렇듯 나도 처음엔 어려움이 컸다. 늘 돈이 모자랐고 시간도 부족하기만 했다. 매장을 돌며 설거지를 돕고 직접 서빙하고 고객의 반응을 살피며 간신히 번 돈을 모아 다시 매장을 열었다. 부모님께 빚도 졌고 행사로 벌어들인 돈은 모두 벌집삼겹살에 쏟아 부었다. 또한 돈이 없을 때는 집을 담보로 대출받아 고기를 사기도 했다. 그럼에도 버틸 수 있었던 것은 기존 삼겹살에 싫증난 고객들은 새로운 맛의 삼겹살을 원하고 있다는 확신 때문이었다.

사람 부자 되기 29

자기 안에 어떤 능력이 숨어있는지 직접 해보기 전에는 아무 것도 알 수 없다. 노래를 잘하는 사람인지 글을 잘 쓰는 사람인지, 해보기 전에는 모르는 일이다. 잘할 것이라는 기대도 버리고 잘 해야 한다는 부담도 버린다면 새로운 것을 시도한다는 것만으로도 충분히 특별한 경험이 될 것이다.

나는 행복한 워크홀릭

　뭔가를 결정할 때 나는 매우 빠르게 판단하는 편이다. 부부싸움도 시작과 끝만 있다. 일단 결정된 사안은 신속하게 결과물을 보고 싶어 한다. 오전 9시 약속이면 오전 7시에는 출발할 만큼 약속 조급증도 있다. 언제나 2시간쯤 여유를 가지고 출발하는데 그중 20분은 만일의 사건사고에 대비한 쿠션타임이다.

　조급하고 꼼꼼한 성격은 가끔 직원들이랑 부딪치는 일을 만들기도 한다. "이 건은 바로 처리해주세요."라고 말할 때 내가 생각하는 '바로'는 내일 아침을 말한다. 하지만 직원들은 대체로 '다음 주 이 시간까지'라고 이해하는 것 같다. 하지만 성격 급한 나는 바로 다음날 그 사안이 처리되었는지 업체에 확인하고 해당 직원을 채근하고 만다. 내가 직원이라도 성격 급한 대표의 기대치를 따라가려면 숨이 찰 것 같기도 하다.

모든 일에 내 손이 닿아야 한다고 생각하는 나는 자타가 공인하는 워크홀릭이다. 우연히 워크홀릭 체크리스트를 접한 적이 있는데 20개 문항 중에서 해당사항이 무려 15개나 되었다. 평소 휴대폰도 손에서 놓는 법이 없다. 하루 종일 아무도 만나지 않으면 뭔가 허전하고 중요한 일을 빼놓은 것 같아 불안하다. 아침에 에너지를 최고로 충전하고 출근하면 배터리가 완전히 방전돼 녹초가 되어야 집에 들어간다.

이런 나에게 주변에서는 적극적으로 휴식을 권한다. 그렇다고 내가 스트레스를 풀지 않고 쌓아두기만 하는 건 아니다. 다만 푸는 방법이 좀 남달라서 그렇게 보이는 것뿐이다.

다른 사람들은 스트레스나 피로가 쌓이면 푹 쉬거나 취미생활을 하면서 방전된 에너지를 보충할 것이다. 그런데 나에게는 새로운 일에 대한 계획을 짜는 것만큼 속시원한 스트레스 풀이가 없다.

한 가지 사업에 관해 장기적으로 집중하다 보면 매너리즘에 빠지거나 머리가 지끈거릴 때가 많다. 그럴 때면 평소 구상하고 있던 다른 사업과 관련된 사람들과 만날 약속을 잡는다. 새로운 사람들과 새로운 화제로 이야기를 나누는 자리가 나에게는 신선한 환기가 되기 때문이다.

나도 유독 즐기는 취미생활이 있는데 바로 수다이다. 처음에 내가 수다 떨러 나간다고 하면 직원들 사이에서 피식피식 웃음이 터져 나왔다. 하지만 이제는 직원들은 수다 떤다는 말을 사람 만나러 나간다는 뜻으로 이해한다.

수다는 여자들만 떠는 것이 아니다. 남자들도 마음이 맞는 친구나 사업 파트너들과 수다를 즐긴다. 여자들은 어떤 화제로 수다를 떠는지 모르겠지만 남자들은 앉은 자리에서 수십 개의 사업체가 만들어지고 흥망과 성쇠를 거듭하는 ‘생산적’인 수다를 즐긴다. 어떤 날은 근사한 리조트나 호텔을 짓고 허물기도 한다. 아이들 장난 같지만 사내들은 이같은 공상을 나누며 자신의 꿈을 실현해간다. 수다가 일종의 시뮬레이션인 셈이다.

나의 수다 파트너들은 구상하고 있는 사업에 따라 바뀌는데, 최근 내 수다 파트너들은 유아교육업체 요미요미의 김대일 사장과 내가 소속되어 있는 강찬이 엔터테이먼트의 최주남 이사, 얼마 전 새롭게 시작한 ㈜요란의 오승균 이사다.

우리는 모이면 일단 경기도 양평에 있는 찜질방으로 향한다. 모두 술을 입에 대지 못하는 사람들이라 건강에 좋은 숯가마에서 몸속 노폐물을 쭉 빼며 1차 수다를 떤다. 그리고 단골 식당에 가서 쫄깃한 토종닭을 뜯으며 숯가마에서 마무리짓지 못한 2차 수다가 이어진다. 돌아오는 길에 좋은 찻집에 앉아 그날의 수다를 최종 마무리짓는데 오후쯤 시작한 수다모임은 다음날 새벽녘이 되어야 끝이 날 정도로 재미있고 진지하다.

모양새는 수다이지만 주고받는 내용은 어느 중역회의 못지않게 진지하다. 수다의 재료는 주로 다양한 사업 아이템들이다. 남자들의 수다는 일에 대한 잡담인 만큼 피드백도 매우 신속한 편이다. 이를테면 이런 식이다. 누군가 나중에 멋진 테마파크를 짓고 싶다고 운을 뗀다 치자. 다른 누군가는 거기엔 호텔이 들어가야 하니까 자신이 아는 호텔업자를 소개시켜 주겠다고 나선다. 듣고 있던 나머지 사람도 스키장도 열지 모르니 그때는 자신이 알고 있는 스키용품 사장을 연결시켜 주겠다며 대화의 물꼬를 계속 터나간다. 셋이 둘러앉아 나눈 수다는 어느새 사람과 사람을 이어줌으로써 인맥의 원천이 되기도 한다.

특히 남자들은 즉흥적인 면이 강하다. "나중에 그 사람과 자리를 마련해 볼게."로 끝나지 않고 즉시 연락해 바로 약속을 잡는다. 그러다 보면 수다처럼 나눈 이야기가 일사천리로 진행되면서 점점 하나의 사업으로 구체화되기도 한다. 많은 남자들이 사업이라면 으레 술을 마시면서 하는 것이라고 생각하기 쉽지만 내 생각은 다르다. 제대로 된 계약서에는 온정신으로 하는 사인에 더 신뢰가 가는 법이다.

비록 일중독도 모자라 스트레스마저 새로운 사업에 대한 수다로 풀어버리지만 나는 이 삶이 꽤 즐겁다. '홀릭'도 본인이 행복하고 즐거우면 더 이상 홀릭이 아니다. 그러므로 나는 찌들어 있는 워크홀릭이 아니라 행복한 워크홀릭이다.

사람 부자 되기 30

  일과 휴식이 규칙적으로 돌아가며 조화를 이룰 때 비로소 즐거운 인생이 된다. 하지만 많은 현대인은 휴식에 대해 인색하거나 무관심한 것이 안타깝다. 나는 어떤 방식으로든 휴식을 통한 충전은 내 삶을 발전시킨다고 생각한다.

200억 매출을 달성하다

2005년 초에 1호점을 시작으로 4년 반 만에 벌집삼겹살은 260호점의 문을 열었다. 총매출액만 200억, 금융위기 이후 잠시 주춤했지만 전국 260호 매장을 무난히 돌파했다. 단일 브랜드에서 소모되는 삼겹살만 따져봐도 전국 1, 2위를 다투는 막대한 양이다. 전국의 웬만한 도시에는 체인점이 다 들어가 있고 삼겹살 마니아라면 벌집삼겹살에 한 번쯤 다녀갔다고 믿어도 좋다.

200억의 매출 신화 속에는 좋은 기억과 아픈 기억이 다 들어있다. 우선 내가 개그맨에서 260여 개의 체인점을 거느린 외식 프랜차이즈 벌집삼겹살의 대표가 된 것은 행복하고 즐거운 일이다. 불과 몇 년 전까지만 해도 집에 가압류 딱지가 붙고 자살을 결심했던 내가 최고경영자가 되었으니 말이다.

벌집삼겹살은 초창기엔 미약하고 힘없는 삼겹살체인점이었다. 야심차게 프랜차이즈 회사를 세우긴 했지만 매장을 임대할 돈이 없어 지인들에게 레시피를 알려주고 매장을 열었다. 집기를 치를 돈이 없어 밤 9시가 넘어서야 첫 직영점을 개점했으며, 직원들 월급을 주기 위해 행사장을 밤낮으로 뛰어다니기도 했다. 돌아보면 커진 사업체만큼이나 나도 많이 성장한 것 같아 흐뭇하다.

사업을 시작하면서 자정이 되기 전에는 집에 들어가 본 적이 없고 하루 6시간 이상 잠을 자지 못했다. 덧댄 신발 밑창을 다시 덧대어 신을 만큼 뛰어다녔고 차량 운행도 웬만한 버스운전사 못지않게 달리고 또 달렸다. 연예활동보다 몇 배의 노력을 해야 성공할 수 있는 것이 창업이라는 사실을 몸으로 부딪치며 깨달았다.

프랜차이즈 회사를 설립했을 때 동업자들과 한 약속이 있다. 본사의 이익만 추구하는 사업은 하지 말자는 것이었다. 전국의 매장 하나하나가 살아야 본사가 건재할 수 있다. 그렇다면 본사가 앞서서 이익을 좇을 필요는 없다. 매장이 장사가 잘 되도록 돕는 것이 본사가 사는 방법이기 때문이다. 나는 매장을 지켜주겠다는 스스로와의 약속을 충실히 지키고자 고군분투했다.

개그맨 시험에 합격한 후에 당대 최고의 인기를 누리던 김한국, 엄용수, 김미화, 임하룡 선배들과 함께 출연할 기회를 어렵게 얻은 적이 있었다. 동사무소에 일하는 방위병이 내 역할이었는데 태극기를 게양하면서 "이렇게 막중한 책임을 제게 주셔서 정말 감사합니다."라고 제법 긴 대사를 연기하는 것이었다.

동기들은 모두 대사도 많은 데다가 대선배들과 함께 연기하게 된 나를 부러워했다. 좀처럼 잡기 힘든 기회를 잡았다는 사실에 나도 매우 흥분되어 있었다. 그래서 받아든 배역의 대사를 반복해서 외우고 또 외웠다. 하지만 정작 녹화날이 되자 수천 명의 방청객이 모인 자리에서 연기를 펼칠 생각을 하니 눈앞이 캄캄해졌다. 급기야 나는 큰 실수를 하고 말았다.

"이렇게 무책임한 책임을 주셔서……."

그 후로 내겐 더 이상 배역이 주어지지 않았다. 그리고 5년에 걸친 기나긴 무명 생활이 시작되면서 웃기고 싶어도 웃길 수 없는 슬픈 개그맨이 되고 말았다. 개그맨으로서의 재능을 발휘할 기회가 주어졌지만 아직 내 역량은 그에 미치지 못했다. 나는 겨우 간장을 담을까 말까 한 종지였는데 갑자기 세숫대야 분량의 물이 쏟아지자 도저히 그 물을 담아낼 수 없었던 것이다.

사업을 시작할 때도 용기와 배짱만 믿고 이 같은 사실을 종종 잊어버리고는 했다. 셋톱박스 임대업을 할 때는 브랜드를 키워야 한다는 사실을 잊었고, 어린이프로그램을 제작할 때는 알찬 콘텐츠가 우선이라는 것도 간과했다. 하지만 그런 실패가 없었다면 벌집삼겹살을 이끌고 여기까지 오지 못했을 것이다. 벌집삼겹살을 이끌어 오면서 한 가지 다짐한 것이 있다. 앞으로는 기회가 찾아왔을 때 나의 능력을 발휘할 타이밍을 절대 놓치지 않겠다는 것이다.

벌집삼겹살은 앞으로 내가 추진할 많은 사업들의 모태일 뿐이다. 올해부터는 서울을 집중 공략해 체인점을 350개까지 늘려갈 생각이다. 현재 벌집과 별도로 요리주점과 여행업을 위해 법인이 설립됐고 소상공인을 위한 아이템도 구상 중이다.

1년에 10억을 버는 것, 듣기만 해도 기분 좋은 일이다. 하지만 나는 그보다 10년에 10억 버는 일에 더 가치를 두며 살고 싶다. 많은 사람이 벌집삼겹살로 200억 신화를 이루었다는 화려한 문구 앞의 내 이름만 바라보는 것 같다. 하지만 나는 내가 지금 걷고 있는 길이 '외도'가 아닌 '정도'라는 사실이 200억 매출을 이룬 것보다 훨씬 값지다.

사람 부자 되기 31

사업성공을 위해서 사람들을 불행하게 만들지 않겠다는 철칙이 중요하다. 어떤 사업성과도 사람보다 중요하지 않기 때문이다. 나는 대박보다 오래오래 그것을 지키고 가꾸는 일이 더 중요하다는 것을 안다. 나는 남을 행복하게 할 때 가장 행복하다.

Chapter 4 사람 나고 돈 난다

벌집삼겹살과 요란, 벌집투어를 아우르는 새로운 통합시스템이 완성되면 벌집을 찾는 고객들은 지금까지 만나지 못했던 폭넓은 외식과 여행, 교육 등의 문화를 경험하게 될 것이다.

벌집삼겹살을 찾는 고객들이 벌집투어를 통해 여행을 즐기고, 요란에서 색다른 요리문화를 경험하며, 키즈카페에서 신개념 교육문화도 두루두루 맛보는 통합문화솔루션을 하나씩 완성해 나갈 계획이다.

문화를
파는
벌집삼겹살

떼돈 버셨다면서요?

"이승환 씨, 삼겹살로 떼돈 버셨다면서요? 그 돈 벌어서 다 뭐해 요?"

내가 벌집삼겹살로 성공했다는 보도가 나오면서 사람들이 꼭 물어 보는 말이다. 그때마다 사람들이 말하는 떼돈의 기준이 얼마쯤일까 생각해봤다. 10억? 100억? 요즘은 돈에 대한 배포가 커졌으니 어쩌면 1억도 큰돈처럼 여기지 않는 것 같다. 지난 해 대졸 초임이 2,400만 원 이었다고 하니까 그 월급을 몽땅 저축해도 4년이 넘게 걸려야 벌 수 있는 돈인데도 말이다.

한 달에 500만 원은 거뜬히 벌만큼 잘 나가는 레크레이션 강사였던 나는 개그맨이 되면서 눈물 젖은 빵을 먹어야 했다. 오죽하면 군대 선 임병이었던 국민 MC 유재석이 "그 좋은 재주를 두고 왜 개그맨을 하려고 하느냐."며 개그맨 시험을 보겠다는 나를 말릴 정도였다.

그러다 개그맨으로 이름이 알려진 뒤부터 3년 동안 정신없이 돈만 벌었다. 무명생활 5년을 보상받기라도 하듯 하루도 쉬지 않고 방송에만 매달렸다. 방송프로그램 4개, 밤업소 5개 등 하루 9개의 스케줄을 소화했다. 자연히 수입도 늘어 한 달 평균 1억 원이 내 주머니로 들어왔다. 그렇게 3년 만에 20억 원의 거액을 거머쥐었지만 교육콘텐츠, 교육교재, 방송제작, 문화이벤트사업 등으로 2005년까지 줄줄이 망하면서 나는 다시 빈털터리가 되었다.

벌집삼겹살이 성공하면서 예전보다 수입이 많아진 것은 사실이다. 하지만 현재의 수입에 만족할 것인가 아닌가는 전적으로 돈을 대하는 태도의 문제에 달려있다. 돈의 가치는 단위로만 매길 수 없기 때문이다. 이런 이유 때문에 나는 1천 원을 1백만 원처럼 쓰고자 노력한다. 그 천 원이 아쉬워 옷장 밑이나 책상 밑을 뒤져본 경험이 있기 때문이다.

연예계에서 내 별명은 구두쇠, 짠돌이다. 생김새와 달리 나는 아끼고 안 쓰는데 일가견이 있다. 개그맨으로 활동할 때 짧은 시간에 20억을 모을 수 있었던 것도 내 손에 들어온 돈은 절대 밖으로 내보내지 않는다는 철칙을 지켰기 때문이다.

신인개그맨 시절 방송국에서 받은 월급은 한 달에 40만 원이 전부였다. 방송국에 매여 있는 신분이라 다른 경제활동을 할 수 없는 신인개그맨들은 그 돈으로 한 달을 버텨야 한다. 살 수 있는 방법은 오로지 집과 방송국만 시계추처럼 오가는 것뿐이었다. 다행히 선배 개그맨들의 심부름을 해주고 간간이 받는 용돈이 있어 그나마 숨통이 트였다. 그중 유독 나를 잘 챙겨주던 사람이 바로 김한국 선배였다.

나는 운전을 하지 못하는 김 선배를 대신해 가끔 그의 차를 운전해 주곤 했다. 운전을 해주는 날이면 김 선배는 택시비 하라며 3만 원 정도를 내 손에 쥐어주었다. 나는 그 돈을 한 푼도 쓰지 않고 다음날 적금통장에 입금했다. 그런 나를 두고 김한국 선배는 "저 놈은 아무리 말려도 성공할 놈."이라며 혀를 내둘렀다.

갈갈이 삼형제 세 멤버와 함께 생활하며 대학로에서 공연을 할 때도 나는 살림꾼을 자처했다. 그때만 해도 공연이 인기를 얻기 전이라 최대한 생활비를 아껴야 했다. 1천 원 짜리 김밥을 살 때 주는 단무지를 한 주먹씩 가져와 식초와 고춧가루를 뿌려 반찬으로 만들어 먹었다. 우편함에 모인 스티커 전단지를 전부 모아 바닥에 떨어진 머리카락을 치울 때 사용하던 버릇은 지금도 남아있다. 한 번은 굴비를 사면 천일염을 공짜로 준다는 아파트 안내방송을 듣고 후다닥 내려가 정작 굴비는 사지 않고 천일염만 기어이 받아 챙겨온 적도 있다. 그런 나를 보고 고개를 절레절레 젓던 굴비장사 아저씨의 모습이 아직도 기억에 생생하다.

옷이나 구두는 말할 것도 없다. 대신 구입할 때 좋은 것을 사서 적어도 10년을 입고 버린다. 지금 신고 있는 구두도 닳아빠진 뒷굽을 두 번이나 덧대어 신고 있다. 대학 때는 모아둔 돈으로 소형차를 구입해 타고 다녔는데, 친구들과 카풀하는 대신 천 원씩 받아 그 차를 타는 내내 기름값이 거의 들지 않았다.

부창부수라고 했나. 아내도 절약이라면 나와 쌍벽을 이룬다. 두 아이를 임신하는 동안 흔한 임부복을 사 입지 않고 트레이닝 3벌로 버틴 사람이다. 두 아이를 임신해 출산하는 동안 홍보용으로 나눠준 아기용 손수건도 아직까지 열심히 쓰고 있다.

반면 꾸미고 치장하는 일에도 관심이 많은 편이다. 갈갈이 삼형제 중에서 가장 꾸미기 좋아하고 심지어 명품에도 은근히 관심이 높다. 게다가 내 아내는 항공사 승무원 출신이다. 나와 아내는 외모를 치장하는 일에 둘째가라면 서러워할 사람들이다. 하지만 우리 부부는 부모님 덕분에 제법 괜찮은 몸매를 타고나 아무거나 입어도 옷 테가 난다는 것에 감사하고 있다. 우리가 짝퉁을 들고 신어도 사람들은 오리지널 명품이려니 한다. 그러니 명품으로 치장해 으스대는 것이 별 재미가 없었으며 때문에 값싸고 질 좋은 것에 더 눈길이 갔다.

우리 가정의 재정관리는 내 담당이다. 남편이 돈관리를 하는 것을 두고 쫀쫀하다고 말들 하지만 재무관리야말로 오랜 노하우가 필요한 전문영역이다. 한순간의 기분으로 가계경제를 쥐락펴락한다면 일순간 무너질 수 있기 때문이다.

나는 수입의 50%는 무조건 저축하고 나머지는 보험과 펀드에 투자한다. 연말정산 때 환급받기 위해 대부분의 지출은 카드를 사용하지만 작은 식당이나 소규모 업체에 가면 되도록 현금을 쓰려고 노력한다. 사업하는 입장에 서보니 영세업체의 사정이 어렵다는 것을 뻔히 알기 때문이다.

아이교육은 아내의 몫이지만 경제교육은 자연스럽게 내 담당이 되었다. 아이 경제교육에 관한 한 내가 정한 철칙이 하나 있는데 일명 프로테이지 정책이다. 아이에게 가지고 싶은 것은 모두 사주는 대신 그 비용의 일부는 내가 지원해 주고 나머지 일부는 아이가 충당하도록 가르치는 것이다. 아이가 지금보다 좀 더 성장하면 명함정리나 간단한 서류정리 등 집안에서 돈벌 수 있는 간단한 일거리를 만들어줄 생각이다.

대부분의 가정에서 아이가 할 수 있는 용돈벌이로 구두닦이를 많이 시킨다고 하는데 내 생각은 좀 다르다. 구두닦이는 아빠가 해야 할 일을 자신들에게 미룬다고 생각할 수 있기 때문이다. 반면 명함정리는 아빠의 일을 돕는다는 생각을 가지고 할 수 있다고 생각한다. 아이에게 명함정리를 시킴으로써 용돈도 벌게 해주고 세상에 얼마나 다양한 직업이 있는지 알려줄 수 있을 것이다. 더 나아가 누구나 노력하면 명함에 적힌 타이틀을 가질 수 있다는 메시지도 전할 수 있을 것이다.

현재 나는 월급사장이라는 생각으로 일한다. 직원들과 똑같이 월급으로 생활한다. 회사가 안정을 찾아가면서 동년배들에 비해 연봉도 높아진 것은 사실이다. 하지만 나는 당장 큰돈을 벌기보다 꾸준하게 일하며 일정한 경제활동을 유지하고 싶다.

연예인이 10년 인기를 얻었다 치자. 최정상에 올랐으니 독야청청 나 홀로 빛나는 것은 재미가 없을 것 같다. 최정상에 올라서 막 오르고 있는 사람도 끌어주고 밑으로 내려가려는 사람도 잡아줘야 살맛도 나고 신도 날 것이다. 그러려면 내가 계속 정상에 머물러야 하고 나락으로 떨어지지 않도록 안전망을 구축하는 일을 게을리할 수 없다. 외식 프랜차이즈 대표가 되었지만 오늘도 나는 1천 원을 1백만 원처럼 쓰는 이유가 여기에 있다.

사람 부자 되기 32

　인간이 동물과 다른 것 중 하나가 바로 돈 걱정을 하는 것이라고 한다. 돈은 많으면 많은 대로 적으면 적은 대로 걱정이 생긴다. 돈의 액수보다도 나를 행복하게 해 주는 것은 어떤 것이 있는지 생각해보자.

음식장사보다 사람교육이 먼저

가맹점주들이 가장 부담스러운 것은 뭐니뭐니 해도 인건비다. 처음 벌집삼겹살을 시작할 때 나도 월급날만 되면 어디론가 사라지고 싶을 만큼 고통스러웠던 기억이 있다. 장사가 잘 되어도 직원급여는 여전히 뭉칫돈으로 지출되므로 대표 입장에서는 부담스러울 수밖에 없다.

그런데도 나는 가끔 매출이 잘 오르지 않는다며 하소연하는 가맹점주들에게 직원 한 명을 더 고용하라고 권한다. 그들 입장에서는 "인건비가 한두 푼도 아닌데."라며 펄쩍 뛰고도 남을 일이다. 하지만 좀 더 멀리 보면 분명 승산이 있는 투자다.

만약 다섯 명의 직원이 필요한 매장이라고 가정해 보자. 직원 한 명을 더 늘려 여섯 명의 직원을 채용하면 가장 먼저 서비스의 질이 좋아진다. 평소에 다섯 명의 직원이 서비스를 해야 했다면 한 명이 늘어남으로써 다섯 명의 노동시간이 줄어든다.

눈코 뜰 새 없이 바빴던 종업원에게 숨 쉴 여유가 생기게 되면서 직원들의 고용 만족도는 자연스레 높아진다. 그렇다고 새로 투입된 한 명의 업무가 과중해지는가 하면 그렇지도 않다. 1/5의 일을 1/6로 나눠서 할 뿐이다. 게다가 고객입장에서는 직원 두 번 부르던 것을 한 번만 부르면 되니 고객 만족도도 상승, 궁극적으로 매장의 매출을 높이는 기폭제가 되니 결과적으로 일석사조인 셈이다.

또한 기존에 고용된 직원들은 새로운 인력이 충원됐다는 사실에 적지않게 부담을 느끼게 된다. 만일 자신이 그만두더라도 대체할 인력이 있다는 사실이 직원 간의 경쟁심을 부추겨 직원들의 충성도 또한 높아질 수밖에 없다. 때문에 플러스효과는 얼마든지 발생한다.

미꾸라지만 가득한 양어장에 메기를 한 마리 넣으면 메기가 미꾸라지를 잡아먹어서 손해를 본다고 생각한다. 하지만 잡아먹히지 않으려고 발버둥치는 동안 미꾸라지의 힘이 더 세져 상품가치가 높아진다는 사실에 주목할 필요가 있다.

가맹점주라면 누구나 투자비용을 최소화시키기를 원할 것이다. 당연한 일이다. 정규 직원보다 시간제 근무자(아르바이트)를 더 선호하는 이유도 여기에 있다. 하지만 이것도 생각을 뒤집으면 정규 직원을 고용하는 것이 더 효율적이라는 사실을 알 수 있다.

시간제 근무자는 언제든지 매장을 그만둘 수도 있다는 생각을 가지고 일한다. 하지만 가맹점주 입장은 조금 다르다. 비록 시간제 근무자라도 숙달된 직원처럼 오래오래 매장에서 근무해주기를 원한다. 가맹점주 입장에서는 숙련기간이 길어지면 손해라는 생각 때문에 별도의 숙련기간 없이 바쁠 때만 사용할 수 있는 시간제 근무자를 선호하면서도 일은 오래 해주기를 바라는 것이다.

하지만 직원을 고용하면 일의 효율성도 높이고 4대 보험적용도 된다. 고용이 안정되면 세금혜택까지 볼 수 있으니 직원체제가 훨씬 이익인 셈이다. 본사의 이런 뜻을 이해한 대다수의 벌집삼겹살 가맹점주들은 직원체제를 선호해준다. 어떤 가맹점주들은 아예 직원들의 집을 구해주거나 창고방을 개조해 직원들의 휴식공간으로 제공하기도 한다. 직원을 고용해 보면 고객을 대하는 태도에서 시간제 근무자와 현격한 차이가 있음을 알 수 있기 때문이다.

벌집삼겹살은 직원을 엄격하게 훈련시키는 등 직원교육에 공을 들이는 편이다. 대신 매장에 고용되는 직원의 경우 특별한 자격요건이 없다. 그 때문에 주부나 청년, 중국 유학생까지 다양한 부류의 사람들이 매장에서 근무한다. 최근에는 조선족 출신의 직원들이 눈에 띄게 많아졌는데 이들은 한국말도 잘하고 고객들의 요구도 잘 맞춰 가맹점주들 사이에서 호감도가 높다. 어느 매장을 가도 조선족은 언제나 성실한 직원이라고 입을 모은다.

직원교육의 핵심은 최상의 서비스를 철저하게 제공하기 위한 것에 기초를 둔다. 가맹점주들에게 항상 주문하는 것도 "매장의 모든 종업원들이 솔선해서 유기적으로 움직이는 살아 있는 매장을 만들어 달라"는 것이다. 이를 위해서는 가맹점주들이 직원들에게 수시로 칭찬이라는 당근을 듬뿍듬뿍 퍼주어야 한다.

〈칭찬은 고래도 춤추게 한다〉라는 책을 보면 3톤이나 되는 커다란 범고래가 멋진 쇼를 하는 비결을 칭찬이라고 했다. 가맹점주의 긍정적인 관심과 칭찬이 직원들의 사기를 올려주고 이것이 매장의 매출로 이어질 수 있다는 뜻이다.

내 주변에도 '칭찬머신'이 있다. 바로 개그맨 박준형이다. 그는 상대방의 장점을 끄집어내는 데 천부적이다. 그는 내가 개그맨으로 좌절을 느끼고 있을 때 "너같이 멀쩡하게 잘 생긴 사람이 밥맛 떨어지는 연기를 하면 사람들이 넘어갈걸."이라고 말한 적이 있다. 결국 나는 느끼남이라는 캐릭터로 사람들의 사랑을 듬뿍 받았다. 나뿐 아니라 정종철도 박준형을 통해 자신이 어떤 것이든 흉내낼 수 있다는 재능을 발견하게 됐다. 이 모든 것을 가능하게 했던 것이 바로 그의 말 한마디 때문이다. 그는 언제나 칭찬한다.

"넌 최고야!"

"그 분야에서 널 따라갈 사람이 없어, 네가 대한민국 1등이야!"

공채 개그맨에 데뷔하고도 한참 뒤에 본업인 개그로 돌아와서도 그는 후배나 동기들과 함께 하는 팀플레이에서 빛을 발했다. 누구의 재능이 언제 빛날 수 있는지 알았던 그는 누가 누구와 맞는지, 어떤 사람끼리 모이면 더 좋은 효과를 낼 수 있는지를 귀신같이 찾아냈다. 인기를 끌었던 청년백서, 생활사투리, 갈갈이 삼형제, 우비 삼남매 등 대부분의 개그조합이 그의 머릿속에서 나왔다. 개그콘서트 1세대가 떠난 공백을 잘 메울 수 있었던 것도 그가 가진 칭찬의 힘이라고 해도 과언이 아닐 것이다.

직원이 늘어나다 보니 벌집 전체직원이 한 자리에 모일 수 있는 기회가 많지 않다. 그래서 우리는 일 년에 전·후반기에 두 번 전체직원을 위한 정기모임을 갖는다. 상반기 모임에는 전 직원이 동강 래프팅을 떠나고 하반기에는 스키장으로 떠난다. 모처럼 만난 전국의 지사 직원들은 함께 서바이벌 게임을 하고 스키도 타며 팀워크를 다진다. 또한 진지한 토론회도 열어 앞날을 도모하기도 한다.

대표인 나도 모처럼 직원들과 마주할 수 있는 자리이기도 하다. 그래서 나는 틈만 나면 마주치는 직원들의 칭찬거리를 찾기 바쁘다. "이번 헤어스타일 정말 잘 어울려요.", "아무개 씨는 웃는 모습이 정말 예술이야", "아무개 씨 인사만큼은 대한민국 최고일걸." 별것 아닌 내 칭찬소리를 들을 때마다 직원들은 어느새 반달눈을 만들며 얼굴 가득 미소를 띤다. 그럴 때면 칭찬은 고래뿐 아니라 직원들도 춤추게 만드는 묘약처럼 느껴진다.

사람 부자 되기 33

나는 말 한마디로 천냥 빚을 갚을 수 있다는 말의 위력을 믿는다. 힘이 되는 말은 돈으로 환산할 수 없는 가장 가치 있는 투자이기 때문이다. 좋은 말, 사람을 살리는 말, 격려하는 말은 액수를 따질 수 없는 백지수표와 다를 게 없다.

삼겹살 팔아 '사랑'으로 돌려드려요

"사장님, 올해는 삼겹살 인분 수를 좀더 늘려야겠는데요?"

"그래? 몇 인분이나 되려나?"

"1,000인분 정도는 준비를 해야 오시는 분들이 다 드실 것 같아요."

'사랑의 삼겹살'을 준비하던 직원이 인분 수를 늘려달라는 요청을 해왔다. 200인분으로 시작한 행사가 3년 만에 1,000인분으로 늘어난 것이다. 아깝다는 생각보다 그만큼 벌집삼겹살이 훈훈하고 따뜻한 회사가 되었다는 생각이 들어 왠지 우쭐해진다.

3년째를 맞는 사랑의 삼겹살은 2009년 12월 서울 강남 벌집삼겹살 신규매장인 논현점에서 이루어졌다. 무의탁 노인과 새터민 등 400여 명을 초청해 약 1,000인분의 삼겹살과 각종 음료, 식사가 무료로 제공됐고 매장 앞에는 이동건강검진 차량까지 동원돼 각종 성인질환 검사도 무료로 실시했다.

'사랑의 삼겹살'은 고객에게 받은 사랑을 환원하고자 하는 벌집삼겹살의 작은 다짐이다. 그동안 벌집삼겹살은 복지관, 독거노인, 소년소녀가장 등 어려운 형편의 사람들을 초대해 무료로 삼겹살을 대접해왔다. 여기에 뜻을 같이 하는 동료 개그맨들도 함께 참여하기도 했는데, 지난해 3월 대구 보건대 콘서트홀에서 2,000명의 어린이를 초청해 '사랑의 콘서트'를 열기도 했다. 벌집삼겹살을 사랑하는 사람들의 모임이 주축이 되어 치러진 이 행사에는 그룹 LPG를 비롯해 남아프리카공화국 출신의 방송인 브로닌, 선후배 개그맨 등이 행사에 동참하면서 '흥겨운 삼겹살' 파티가 되기도 했다.

처음 사랑의 삼겹살은 복지시설 어린이들을 매장에 초청해 이루어졌다. 부모와 동떨어져 공동생활을 하는 아이들은 왠지 모르게 어둡고 주눅들어 있었다. 그중 한 아이에게 가장 하고 싶은 게 뭐냐고 물었더니 그 아이는 "친구를 집에 데리고 오는 거요……."라고 대답했다. 순간 나는 한쪽 가슴이 찡해옴을 느꼈다. 좋은 게임기, 멋진 신발이나 옷이 아니라 친구를 데리고 오고 싶다니. 나는 아이의 소원을 풀어주고 싶었다.

"그럼 아저씨가 파티를 열어줄 테니까 마음껏 친구들 불러올래?"

"진짜요?"

놀란 토끼눈을 한 아이는 믿기지 않는다는 표정을 지었다. 나는 벌집삼겹살 매장에 아이들을 초대하고 맛있는 삼겹살을 대접했다. 그 아이에게 저마다 데리고 오고 싶은 친구들과 함께 오도록 했다. 그리고 선후배 개그맨과 친분 있는 가수들을 긴급 섭외해 작은 공연을 열어주었다. 결과는 대성공이었다. 행사가 끝나자 아이들은 돌아가기 싫다며 울음보를 터트렸다. 한 아이가 울자 다른 아이가 덩달아 울면서 매장은 순식간에 울음바다가 되었다. 그렇게 시작된 사랑의 삼겹살은 단발성 행사로 끝나지 않고 연례행사로 자리잡게 되었다. 초대하는 사람들도 결손, 조손가정뿐 아니라 무의탁노인, 다문화가정, 새터민 등으로 점점 확대되었다.

사랑의 삼겹살 행사는 나보다 가맹점주들이 더 적극적이다. 이 행사를 할 때쯤 되면 가맹점주들이 언제 하느냐며 물어오기 바쁘다. 뜻이 있는 가맹점주 중에는 비정기적으로도 사랑의 삼겹살을 열기도 한다.

전국 매장 곳곳에서 사랑의 삼겹살 행사가 이어져 본사에서 보고를 받아야 할 정도로 참여율이 높다. 지금은 본사 직원보다 가맹점주와 종업원들이 자발적으로 이루어지는 분위기로 자리 잡고 있다. 대부분 벌집삼겹살은 오후 3시에 출근한다. 점심시간에 독거노인들을 초대하려면 적어도 오전 10시에 출근해야 하는데, 어떤 직원도 5시간이나 앞당겨 출근하는 것에 불만을 터뜨리지 않는다는 것이다.

사업을 하면서 돈이 전부가 아니란 것을 깨닫는 데 꽤 많은 수업료를 내야 했다. 사람 때문에 망해봤고 사람 때문에 성공도 해봤다. 실패와 성공의 그 밑바닥에는 사람이 있다는 사실도 깨달았다. 나는 그 배움의 보답을 사람에게 하기로 마음먹었다. 많이 받은 사랑을 갚는 길은 그늘진 곳에 받은 사랑과 관심을 되돌려주는 것이라고 판단했기 때문이다.

처음 사랑의 삼겹살은 1만 명에게 식사를 대접하는 것이 목표였는

데 도와주는 많은 사람 덕분에 이제는 목표를 거의 채워가고 있다. 사
랑의 삼겹살은 벌집삼겹살이 고만고만한 프랜차이즈 회사가 아니라
번듯한 기업이라는 이미지를 심어준다. 나는 우리 회사 직원들에게
자긍심을 심어주고 싶다. 그들이 결혼할 때 벌집에서 근무한다고 하면
배필감으로 합격점을 받을 수 있도록 말이다. 그러기 위해서라도 사랑
의 삼겹살과 같은 다양한 자선행사를 앞으로 더 많이 하고 싶다.

사람 부자 되기 34

돈은 돌고 돌듯, 인심도 돌도 돈다는 말이 있다. 성공은 혼자
하는 게 아니다. 이해관계가 전혀 없다고 생각할 수 있는 다수의
사람도 때론 삶의 모티브이자, 원천임을 잊지 말자. 나는 오늘도
'사업은 개인의 야심이나 자기 만족만으로는 완성될 수 없다. 사
업의 궁극적인 목표는 보다 높은 곳에 있다. 그것은 곧 사회에
봉사하고 사회 구성원들에게 감사의 마음을 표시하는 것이다.' 라
는 하야카와 도쿠지의 말을 가슴에 새긴다.

나는 냉정한 컨설턴트

어느 날 선배 개그맨 한 분이 회사로 나를 찾아왔다. 선배의 얼굴을 보니 뭔가 하고 싶은 이야기가 있는 것 같아 서둘러 자리를 마련해 마주 앉았다.

왕년에 최고 인기 개그맨이었던 그는 친근한 이미지에 입담 좋고 익살도 좋아 아직까지 TV프로그램에 꾸준히 출연하며 활동하고 있었다. 그런데 웬일인지 그 선배의 얼굴에 수심이 가득해 보였다.

"선배님, 어쩐 일이세요?"

"내가 새로운 사업을 시작해보려고 하는데 말이야, 그게 괜찮은 건지 도무지 갈피를 잡을 수가 있어야지. 그래서 체면 불구하고 널 찾아왔다."

개그맨실은 유난히 선후배 간의 규율이 엄격하기로 소문난 곳이다.

그런데 하늘 같은 선배가 까마득한 후배에게 조언을 들으러 찾아왔다는 것은 쉬운 결정이 아니었을 것이다. 게다가 개그맨 출신으로 성공한 CEO라며 각종 매체에 내 얘기가 오르내리고 있었으니 나를 찾아오기까지 편한 마음도 아니었으리라 짐작이 되었다.

"선배님 정도면 굳이 사업을 하지 않으셔도 되실 텐데. 예전에 인기도 좋으셨고 지금도 방송을 꾸준히 하고 계시잖아요."

"돈이야 벌었지. 그런데 자식 공부시키고 나니까 손에 남는 게 없더라구."

얼굴을 붉히는 선배가 무안해하자 나는 얼른 화제를 사업에 관한 질문으로 돌려 물었다.

"어떤 아이템인데 그러세요. 제가 해드릴 수 있는 얘기라면 해드릴게요."

"일종의 주류업인데, 투자자가 내 이름만 빌려주면 된다는 거야. 해봐도 될까?"

그제야 선배는 굳은 얼굴을 풀며 이런저런 얘기를 풀어 놓았다. 들어보니 답은 간단명료했다. 나는 좀더 점검할 필요가 있는 부분을 꼼꼼히 짚어주고 그 외 사업적인 부분에 대해 이런저런 조언을 해주었다.

일반적으로 연예인이 사업을 하는 경우는 크게 두 가지로 나눌 수 있다. 하나는 투자자가 따로 있고 연예인의 이름만 빌려주는 경우, 다른 하나는 연예인이 직접 투자하고 경영까지 참여하는 그야말로 사업인 경우다.

아쉽게도 대다수의 연예인들은 사업경험이 적고 이재에 밝지 못한 편이다. 그래서 종종 달콤한 유혹에 넘어가 적지않게 손해를 보기도 하는데, 연예인이 이름만 빌려주는 경우가 대부분 그랬다. 나를 찾아온 그 선배도 이 경우에 해당했다.

선배가 돌아가고 난 후 왠지 마음이 씁쓸해졌다. 그 선배는 왕년에 누구나 부러워할 만큼 개그맨 스타로 군림했고 지금도 방송활동을 꾸준히 하는 사람이다. 그런데 자식 공부시키느라 노후대비를 하지 못했다고 하니 그보다 못한 많은 연예인들의 사정이 어떨지는 짐작이 갔다.

사실 대부분의 개그계의 선배들 중에서 든든한 노후대비를 하고 있는 경우가 그리 많지는 않다. 한창 돈벌이가 좋을 때는 돈 무서운 줄 모르고 쓰기도 하고, 의리를 과시하느라 보증을 서거나 돈을 빌려주고 받지 못하는 경우도 많다. 하지만 인기도 끝이 있기 마련이니 수입이 끊기기 시작하면 노후대비는커녕 당장 밥 먹고 사는 일을 걱정해야 할 정도로 사정이 나빠진다.

내 사업이 자리를 잡으면서 연예계 동료들이 사업적으로 조언을 구하는 일이 많아졌다. 그럴 때면 성심껏 도와주려고 노력하는 편이다. 비록 지금은 개그맨 활동을 하지 않지만 10년 간 내가 몸담았던 친정 같은 곳이고 그 경험을 기반으로 지금의 자리까지 올 수 있었기 때문이다. 가능한 한 동료나 후배, 선배들에게 도움을 주는 것으로 끝까지 함께 하지 못한 마음의 빚을 얼마간 갚고 싶은 마음도 조금은 있다.

함께 개그콘서트를 했던 후배 홍인규는 군대 가기 전까지 벌집삼겹살 매장을 운영하기도 했고, 다른 후배들도 자금이 모아지면 벌집삼겹살 매장을 열고 싶은 바람을 비추곤 한다. 갈갈이 삼형제로 인연을 맺은 정종철은 현재 내가 관여하는 교육사업에 합류하기 위해 경영수업을 받는 중이기도 하다.

나를 찾아온 사람들 중에는 선배 개그맨과 같이 비즈니스인지 사기인지를 알아봐달라는 부탁을 해오기도 한다. 그런 경우 사업의 전망에 대해 장단점을 말해주고 사업적 역량을 가지고 있거나 전업할 것이 아니라면 자본투자를 하지 않는 조건에서 홍보이사만 하라고 조언해준다.

나는 특히 후배나 동료에게 조언할 때는 사뭇 냉정하게 대하는 편이다. 망하고 흥하는 갈림길에 있을 때는 어느 때보다 강력한 조언이 필요하다는 생각에서다.

"형, 저도 사업 좀 해볼까 해요."

"너, 사람 다룰 줄 알아?"

"모르죠."

"그럼, 그 제품 직접 만들 수 있어?"

"공장에서 만들면 되죠."

"법무 회계에 대해 아는 거 있어?"

"회계사 사무실이 괜히 있나요?"

"그럼 그냥 방송해!"

대학로에서 개그공연을 함께 했던 개그맨 김현기는 일본어에 능통했다. 일찌감치 일본 유학도 다녀와 한류 초기에 우리나라 연예인의 통역을 도맡다시피 했다. 그러다 한류 붐이 일어나자 갑자기 한류를 토대로 여행업을 하겠다고 했다.

한류가 뜨고 있을 때였으니 욕심나는 아이템이었을 것이다. 하지만 나는 초상권 문제를 짚어보라고 충고했다. 불행하게도 그 사업이 잘 되지 않는다면 문제가 될 것이 없지만 잘될 경우에 문제가 발생할 소지가 있어 보였다.

그의 말대로 한일 간에 한류로 왕래가 잦아지면서 덩달아 여행업이 활발해진다고 치자. 그런 경우 우리나라 드라마에 출연한 배우들의 초상권이 분명히 필요할 것이다. 그런데 일일이 그 초상권을 확보하지 못한 채 사용할 경우, 상대방으로부터 얼마든지 손해배상청구소송의 구실이 될 수 있다는 게 내 생각이었다.

최근에는 개그우먼 김지선 선배 부부가 추진하는 사업의 컨설팅을 돕고 있다. 무엇보다 어떤 일이든 열심히 하는 김 선배가 가진 근성이라면 벌집삼겹살 못지않은 일을 벌일지도 모르겠다.

사람 부자 되기 35

이해타산을 따진다는 것은 사람관계가 아닌 이익관계일 뿐이다. 나와 함께 한 사람에게 이익을 먼저 따진다면 그 관계는 오래가지 못하며 결국 끝이 좋지 못하다. 참된 우정의 가치와 중요성은 그것을 잃기 전까지는 깨닫기 힘들다는 것을 나는 몸소 체험해 왔다.

연예인이 사업에 망하는
이유 & 성공하는 이유

방송하는 연예인들은 인생의 계획이란 것을 세우기가 어렵다. 그래서 많은 연예인이 사업으로 눈을 돌리게 되는데 이상하게도 연예인이 사업을 하면 망하는 경우가 많다.

사업을 시작하는 연예인은 대부분 '얼굴사장'로 시작한다. 회사의 지분을 30퍼센트쯤 챙겨주는 대신 연예인의 이름값을 담보로 투자를 받는다. 연예인 입장에서는 투자금을 낼 필요도 없이 대표 직함과 30퍼센트의 회사지분까지 얻을 수 있으니 손해날 일이 아니라고 생각하기 쉽다. 하지만 바로 여기에 함정이 있다.

명분상 대표이사 직함을 가지고 있기 때문에 가끔 결재서류에 사인을 하지만 엄밀히 말하면 연예인은 실제 회사의 주인은 아니다. 본격적인 사업이 물살을 타면 사업 파트너는 연예인에게 전체 지분을 양도하면서 점차 투자비를 요구하기 시작한다. 사업을 제안한 사람이나 동업자는 조금만 더 하면 대박이 터질 것이라는 감언이설로 연예인이 대출받도록 유도하고 상황이 위기에 몰리면 잠적하는 수순을 밟는다. 한마디로 '된통 물린 것'이다. 그렇게 망한 연예인은 이미지에 큰 손상을 입을 수밖에 없다. 이런 상황을 두고 뻔히 알고도 당한다고 말하는 것이다.

연예인이 알고도 당하는 이유는 스스로가 최고라고 생각하는 경향이 있기 때문이다. 대부분의 연예인들은 끼와 재능이 넘치는 사람들이다. 특히 사람들에게 웃음의 포인트를 공략해야 하는 개그맨은 더욱 그렇다. 치밀한 계산과 분석이 따라야 하기 때문이다. 그러다 보니 자신이 최고라는 자기최면이 있어야 무대 위에서 마음껏 끼를 발산할 수 있다. 이것이 무대 밖으로 나오면 족쇄가 된다. 누군가 최고라고 추켜세우면 그 말을 의심 없이 믿고 유혹에 쉽게 넘어가게 되는 것이다. 여기에 투자금은 필요없고 이름만 빌려주면 된다는 달콤한 미끼까지 던지면 게임은 끝이다.

그렇다고 연예인이 사업에 성공할 수 있는 비결이 아예 없는 것은 아니다. 이 책이 연예인을 대상으로 하지는 않지만 나 역시 연예인 출신이고 많은 연예인들이 사업을 꿈꾸고 있기 때문에 작게라도 도움이 되기를 바라는 마음으로 간단하게 언급하도록 하겠다.

아무리 얼굴사장이라고 해도 매장에 대해 전혀 모르면 실패할 수밖에 없다. 적어도 자신의 이름이나 사진이 걸리게 될 업종에 대해 직원관리, 제품개발, 마케팅 등 전문적인 지식이 있어야 한다. 그 매장이 어디에 위치해 있고 어떤 모습으로 사업이 진행되고 있는지 알고 있어야 한다는 뜻이다. 대부분의 연예인들은 자신이 가진 브랜드 가치보다 스스로를 높게 평가하는 경우가 많다. 쉽게 말해 내 이름을 걸면 적어도 손해는 보지 않을 것이라는 안일한 생각은 금물이란 뜻이다.

하루 종일 매장을 지키고 있다고 해서 성공하리라는 보장은 없다. 본인이 없어도 매장이 운영될 수 있도록 시스템을 개발하고 경쟁력을 키워야 하는데 이것이 경영이다. 나 혼자서 판매전략을 짠다고 생각해보자. 열 가지 아이디어가 나온다고 할 때 세 명이 머리를 맞대면 서른 가지의 아이디어가 쏟아진다. 홀로 빛나는 스타는 방송에서나 가능한 일이다.

기업의 안살림은 전문경영인에게 맡기고 홍보나 마케팅 등 대외 업무에 전념하는 '투톱 시스템'도 바람직한 방법이 될 수 있다. 투톱 시스템은 연예인 CEO의 장점을 최대한 살릴 수 있기 때문이다. 내가 에듀몬TV를 경영할 때 '색종이' 출신의 가수 고충령 선배가 대표이사로 사업의 한축을 담당했고, 내가 대외적인 활동을 도맡았던 것과 마찬가지다.

두 번째는 연예인도 하고 사업도 하면서 인기도 얻고 돈도 벌 수 있다는 생각은 순진한 발상이다. 사업은 아침부터 저녁까지 그것만 생각해도 밥을 먹고 살까 말까 할 만큼 어려운 일이다. 하물며 방송은 일반 회사원과 달리 시간이나 일정도 정해져 있지 않아 효율적인 시간활용도 어렵다. 그러니 투잡으로 돈 벌 생각은 버리고 두 마리 토끼 중 한 마리만 골라 쫓는 것이 정답이다.

사업은 연예인이라고 봐주는 법이 없다. '유명한 사람'이기에 이들의 실패는 성공했을 때보다 더한 스포트라이트를 받는다. 때문에 금전적인 손해 뿐 아니라 그동안 쌓아온 이미지에 회복할 수 없는 타격을 입기도 한다. 그동안 연예인 사업가들의 성적표가 평균점 이상을 넘지 못한 것도 이 때문이다.

마지막으로 자신이 가장 잘할 수 있는 것을 사업 아이템으로 선택해야 한다. 연예인들이 하고 싶어하는 사업은 고급 레스토랑이나 깔끔한 일식집, 한식집 등이다. 이왕이면 건물을 통째로 쓰고 발레파킹도 되며 인테리어도 으리으리하면 더 좋다. 하지만 이렇게 하다 보면 투자금을 끝도 없이 쏟아부어야 하고 결국에는 원금이라도 건지자는 심정으로 사업을 정리하는 경우가 대부분이다.

사업은 돈으로만 할 수 있는 게 아니다. 사업을 시작하고 싶다면 자신이 가장 잘 아는 분야에서 아이템을 선정하는 것이 현명하다. 나도 어린이프로그램을 하면서 교육사업으로 사업가의 첫삽을 떴다. 물론 결과적으로 좋은 성과를 얻지 못했지만 지금은 다시 교육사업을 추진하고 있다. 이처럼 화장품, 어린이교육, 방송 등 평소 연예인이 자주 접하는 생활 속에서 해볼 만한 사업 아이템을 찾아보라고 권하고 싶다.

사람 부자 되기 36

　내려놓는다는 것은 쉽지 않다. 하지만 하나를 버려야 하나를 얻을 수 있는 법. 대부분의 사람들이 자신의 환경을 불평할 때 나는 환경을 믿지 않았다. 자신이 원하는 환경이 아니라면 직접 환경을 만드는 의지와 노력이 필요하다. 결국 선택과 집중으로 자기 스스로 찾아 나서야 함을 기억하자.

성공을 연습한 고교시절 아르바이트

나는 일찍부터 아르바이트로 용돈벌이를 시작했고 제법 잘 벌기도 했다. 친구들은 그런 내가 이재에 밝고 돈의 흐름을 보는 눈이 있다고 했다. 하지만 친구들 말처럼 나는 특별한 노하우도 없었고 돈의 흐름이 뭔지도 잘 몰랐다. 다만 친구들과 다른 점이 있다면 같은 일을 해도 남들보다 더 열심히 했다는 것이다.

고등학교에 다닐 때, 학생이 가장 손쉽게 할 수 있는 아르바이트는 주유소에서 기름을 넣는 일이었다. 하루 종일 기름 냄새를 맡으며 일해야 하는 것이 여간 고통스럽지 않았지만 시급이 높아 선뜻 포기할 수 없었다. 열심히 일하면 한 달 벌이로 30만 원을 손에 쥘 수 있었는데 고등학생에게는 결코 적은 액수가 아니었다. 하지만 나는 좀 더 벌고 싶은 욕심이 생겼다.

당시에는 카드사용이 지금처럼 활발하지 않던 시절이라 대부분의 결제가 현금으로 이루어졌다. 기름값도 지금보다 훨씬 저렴해 운전자들은 대부분 가득 넣어달라며 '만땅'을 외쳤다. 아무리 기름을 가득 채워도 10,000원 안팎, 대부분 몇 백 원의 우수리가 남았다. 그 우수리를 팁으로 받을 수 있다면 똑같이 일하고 가욋돈을 더 벌 수 있었다.

나는 즉각 시원한 지하수를 따로 준비했다가 주유하는 고객들에게 한 잔씩 건넸다. 지금처럼 생수가 공급되기 전이라 시원한 물을 받아 든 사람들은 대부분 이 서비스를 만족스러워했다. 날씨가 추워지자 가스버너에 물을 끓였다가 생수 대신 따뜻한 커피를 전하며 립서비스도 보탰다.

"또 오셨어요, 사장님! 사장님 차만 들어오면 주유소가 밝아져요."

"누나, 또 오셨네요! 오늘 누나를 봤으니 좋은 일이 생길 것 같아요."

누구든 칭찬에는 마음이 가게 마련이다. 내 서비스와 화려한 립서비스에 사람들의 인상은 점점 밝아졌다. 신이 난 나는 재떨이도 비워주고 여름이면 물티슈를 차갑게 얼려뒀다가 건네기도 했다. 차가 주유를 하는 동안 유리창을 닦았고 고객이 화장실에 가면 가장 먼지가 많이 쌓이는 계기판 앞쪽을 말끔히 닦아주기도 했다. 가끔 사은품을 모아뒀다가 단골고객에게 서비스하기도 했다. 그래서인지 내가 없는 자리는 항상 표가 났다.

내 서비스에 감동한 사람들은 기름값으로 남은 우수리를 팁으로 주기 시작했다. 주유소에 들어오면 제일 먼저 나를 찾았고 맛있는 간식

거리를 나눠주는 사람도 있었다. 심지어 주유소 밖에서도 나를 기억한 빵집 주인은 빵 하나를 더 줬고 밥집 주인은 밥 한 공기를 더 주었다.

우수리를 받고 싶은 마음에 서비스를 시작했지만 막상 팁을 받고 보니 뭔가 다시 보답하고 싶은 마음이 들었다. 나는 용돈으로 껌을 사두었다가 팁을 주는 고객에게 껌을 한 통씩 선물하는 것으로 고마운 마음을 전했다. 이번에는 사심이 없는 순수한 마음으로 시작한 일이었지만 껌을 받은 사람들은 일부러라도 천 원짜리 팁을 더 챙겨주기까지 했다. 한사코 사양했지만 막무가내였다. 결국 나는 100원의 투자로 많게는 10~20배의 부수입을 얻게 되었다. 나중에는 그렇게 받는 돈이 급여보다 더 많아지기 시작했다. 뿐만 아니라 사장에게 보너스도 받아 주유소에서 가장 많은 돈을 버는 아르바이트생이 되었다.

그때 내가 배운 것은 돈을 조금 더 버는 방법이 아니라 성공하는 법이었던 것 같다. 주유하는 일이 귀찮아 동료들이 머뭇거릴 때 그들보다 먼저 고객에게 뛰어가고, 주유하는 동안 멍하니 서 있는 동료들과 달리 앞유리나 백미러를 닦으면서 서비스의 힘에 대해 알아갔다. 또한 주유하는 짧은 시간동안 고객을 내 사람으로 만드는 법도 배웠다.

음식점에 한 번 다녀간 고객을 다시 오게 만드는 방법도 이와 크게 다르지 않다. 음식점에서 음식맛이 좋은 것은 기본이다. 여기에 고객이 흡족할 만큼 종업원의 서비스가 좋아야 하고 거기에다가 매장 분위기가 깔끔하고 고급스러우면 더 좋다. 맛도 좋고 서비스도 훌륭하고 분위기도 최고라면 성공의 3박자를 모두 갖춘 셈이다.

이런 음식점이라면 한 번 다녀간 고객은 직장 동료, 친구, 가족과 함께 반드시 다시 찾아온다. 그런 음식점이 흔하지 않기 때문이다. 어느 분야에서든 최고가 된다는 것은 최고가 되는 방법을 안다는 뜻이기도 하다. 최고에 오르는 방법을 알았다면 남은 것은 부지런히 내달리는 일이다.

사람 부자 되기 37

세상에 공짜는 없다. 사람관계와 부자가 되는 법도 마찬가지다. 뿌린 대로 거둔다는 것은 자연의 법칙이자 진리이다. 요행을 바라고 공짜를 기대하는 사람들은 자신의 능력을 스스로 제한하는 것임을 알지 못한다.

장사가 아닌 비즈니스를 하고 싶다

말이 나온 김에 고등학교 때 아르바이트 했던 얘기를 하나 더 할까 한다. 일찌감치 돈벌이에 재미를 맛본 나는 고등학교 시절부터 아르바이트로 용돈을 충당했다. 용돈을 버는 것도 중요했지만 최고의 아르바이터가 되는 것을 더 의미있는 일로 삼았다.

대부분 아르바이트라고 하면 겨우 주어진 시간을 때우기에 급급한 경우가 많다. 이런 태도를 가진다면 완벽한 아르바이터로 인정받을 수 없다. 적당히 일하는 척하고 퇴근해버리면 당장은 편할지 모르지만 그 아르바이트는 단발성으로 끝날 확률이 높다. 고용자로부터 인정을 받지 못하면 그것은 진정한 돈벌이라고 할 수 없다. 2차 고용이 발생하지 않기 때문이다. 부지런한 사람은 누구에게나 강한 인상을 남기기 마련이다.

‘그 사람은 참 성실했는데’, ‘지금 그 사람이 있었으면 딱인데 말야……’

모든 일에 최선을 다하는 사람은 필요한 순간에 생각나게 돼 있다. 있어도 그만 없어도 그만인 사람은 언제든 없어도 그만인 사람으로 전락하고 만다. 나는 그 차이가 창의적인 태도에서 나온다고 생각한다. 인상적인 사람으로 남고 싶다면 창의적으로 일하고 행동하면 된다는 뜻이다.

내가 고등학생 때 주유소 아르바이트 이외에 김장철이 되면 시장에서 배추를 나르는 일이 반짝 유행했던 적이 있었다. 경매장에서 구입한 배추를 상인들의 가게까지 리어카로 실어다주는 일이었다. 나도 친척의 소개로 한 리어카에 3,000원의 시급을 받기로 하고 아르바이트를 시작하게 되었다.

분초를 다투는 시장에서 그 일은 무엇보다 속도가 생명이었다. 빨리 날라다 주고 다시 다른 상인의 가게로 배추를 날라주면 그만큼 돈을 많이 벌 수 있으니 속도가 곧 돈이기도 했다. 그러다 보니 아르바이트생은 대부분 빨리 싣고 빨리 내리는 일에만 열중했다. 그 과정에서 배추가 상하는 일도 다반사였고 나르는 일에만 급급한 나머지 상인들에게 불친절하게 대하는 아이들도 많았다.

뭐든 일등을 해야 했던 나는 느긋하게 움직이며 상인들을 유심히 관찰했다. 그들은 배추를 받은 후 일일이 다듬어 팔기 좋게 만들었는데 그 과정에서 못 쓰는 배춧잎 쓰레기가 산더미처럼 쌓였다. 상인 입장에서 배춧잎 쓰레기를 버리는 것이 여간 고역이 아닌 것처럼 보였다. 나는 상인들에게 배추를 날라준 뒤 다듬기를 기다렸다가 배춧잎 쓰레기를 몽땅 실어다 버리는 일을 서비스로 해주었다.

그러다 보니 배달한 배추를 다듬고 거기서 쓰레기를 모으는 데 꽤 많은 시간이 걸렸다. 남들이 두 번 왔다 갔다 할 동안 나는 한 번밖에 못했지만 결과적으로 돈은 내가 더 많이 벌었다. 기다렸다가 쓰레기를 버려주는 내가 기특하다며 상인들이 배달비의 두 배를 주었기 때문이다. 게다가 쓰레기 버리는 일이 만만치 않았던 상인들이 내게 일을 맡기곤 편해졌다며 입소문을 내주기도 했다. 어느 때부터 조금 기다리더라도 내가 배달해주기를 바라는 상인이 하나 둘 늘어나기 시작했다. 결국 남들보다 효과적으로 일하면서 돈도 내가 더 많이 벌었고 일 잘하는 학생이라는 신임까지 얻게 되었다.

창의적으로 일했던 그때의 경험은 후에 내가 사업할 때도 큰 도움이 되었다. 어떻게 하면 남들과 다른 방법으로 시장에 접근할 수 있는지에 대해 먼저 생각하는 버릇이 생긴 것이다. 출발이 늦었다고 해서 도착도 늦으란 법이 없다는 것을 알았으니 사소한 실패에 겁내지 않게 되었다.

나는 흥하면서 잃은 것보다 망하면서 배운 것이 더 많다. 개그맨을 그만두고 야심차게 도전한 사업에서 줄줄이 쓴맛을 보면서 2005년까지 숱하게 망해봤다. 지금의 모습이 될 수 있었던 것은 망했던 경험을 통해 배우며 좋은 사람들과 통했기 때문이다.

벌집삼겹살을 내기 위해 잘 나가던 개그맨 생활을 접고 지상파 방송에서 얼굴을 감춘 채 사업에 올인했다. 전국 수천 여 삼겹살집을 직접 발로 뛰면서 벤치마킹해 2005년 외식 프랜차이즈 벌집삼겹살을 브랜드로 내놨다. 매장이 260호점까지 늘었지만 나는 여전히 매장을 다니며 고객의 반응을 살피고 직접 홀서빙도 나간다. 사업 초기부터 벌집삼겹살 매장에 내 이름을 내세우거나 사진도 걸지 않았다. 모두 장사가 아닌 '비즈니스'를 하고 싶었기 때문이다.

사업을 시작할 때부터 나는 철저하게 '연예인 이승환'을 버렸다. 얼굴이 알려진 연예인으로 나를 마케팅에 활용했다면 지금보다 더 빨리 사업이 일어날 수 있었을지도 모른다. 하지만 그것은 내가 원하는 성공의 모델이 아니었다. 어차피 새롭게 시작하기로 한 이상 내 인생의 2막은 내가 가꾸고 일궈야 의미가 있기 때문이다.

성공은 이루는 것이 아니라 과정을 통해서 얻어지는 게 아닐까라는 생각이 든다. 어디까지 오르는 것이 성공이라면 언젠가 바닥에 떨어질 수 있고 망하는 날을 맞을 수도 있다. 그런 성공이라면 나는 하고 싶지 않다. 언제나 최선을 다해 이루기 위해 노력하고 그 과정에서 참된 성취감도 맛보며 언제나 최상의 상태를 유지하고 싶다. 그래서 내실 있는 경영으로 신뢰를 쌓고 언제나 실패를 검토하는 사람이 되려고 한다. 그래서 스타였던 시절보다 더욱 빛나고 싶다.

사람 부자 되기 38

적당주의는 모든 관계를 단발성으로 끝낼 확률이 매우 높다. 결국 사람에게 인정을 받지 못하면 부자와는 멀어질 수밖에 없다. 대부분의 사람들은 내가 주인이 아니면 겨우 주어진 시간에 때우기식 일하기가 자신에게 유리한 것이라 믿는다. 이런 태도는 누구에게도 인정받을 수 없다. 힘들고 불편한 것을 좋아하는 사람이 어디 있겠는가. 노력밖에는 답이 없다.

음식+여행+교육,
통합문화솔루션을 꿈꾸다

주변 사람들은 나에게 이제 일 좀 그만 벌이라고 한다. 그때마다 나는 히딩크 감독처럼 아직 배고프다는 말로 되받는다. 배가 고픈 것은 벌집삼겹살이 '장사 잘되는 고깃집'으로만 남기를 바라지 않는다는 뜻이기도 하다.

벌집삼겹살 매장에 가면 '맛으로 여는 세상'이라는 문구가 적혀 있다. 사람들이 벌집삼겹살에 와서 맛있는 삼겹살도 먹고 훌륭한 서비스로 대접 받으면서 지금껏 겪어보지 못한 새로운 세상을 보기를 원한다는 뜻이다.

가끔 매장을 가득 채운 고객들이 실컷 먹고 마시며 떠드는 모습을 볼 때가 있다. 그럴 때면 벌집삼겹살이 마치 대나무숲 같다는 생각이

든다. 평소에 하지 못했던 이야기를 속 시원히 풀어 놓을 수 있는 곳, '임금님 귀는 당나귀 귀.'라고 말할 수 있는 동화 속 대나무숲 말이다. 앞으로도 이곳이 즐거운 모임이 계속 만들어지고 슬픔을 위로하며 화도 삭이고 희망도 품어보는 곳이 되려면 벌집삼겹살은 계속 진화해야 한다. 그러니 내가 새로운 일을 자꾸 벌일 수밖에 없다.

나타났다 사라지길 반복하는 외식 프랜차이즈 기업들이 난무하는 가운데 벌집도 어느덧 5년차 기업이 됐다. 브랜드의 정체성을 확고히 해야 할 시점이 되었다는 뜻이다. 10년, 20년 가는 프랜차이즈 기업을 만들기 위해 벌집이 정립한 아이덴티티는 바로 '문화기업'이다. 나는 문화기업을 완성하기 위해 올해 몇 가지 사업을 새롭게 시작했다. 지난해 말, 설립한 두 번째 요식업 ㈜요란과 여행업 ㈜벌집투어가 그것이다.

나는 올해 벌집이 외식기업에서 문화기업으로 도약하는 원년으로 삼고 있다. 조만간 벌집삼겹살과 요란, 벌집투어를 아우르는 새로운 통합시스템이 완성되면 벌집을 찾는 고객들은 지금까지 만나지 못했던 폭넓은 외식과 여행, 교육 등의 문화를 경험하게 될 것이다.

벌집삼겹살을 찾는 고객들이 벌집투어를 통해 여행을 즐기고, 요란에서 색다른 요리문화를 경험하며, 키즈카페에서 신개념 교육문화도 두루두루 맛보는 통합문화솔루션을 하나씩 완성해 나갈 계획이다.

그 신호탄이 지난해 말, 요리주점 요란과 신개념 여행사를 표방한 벌집투어의 법인이다. 벌집삼겹살의 프랜차이즈 사업 법인인 벌집이 한성진 이사, 정시옥 이사, 그리고 내가 함께 만든 공동투자법인이라면 두 개의 새로운 법인은 벌집과 무관하게 내가 단독으로 세운 법인이다.

지난해 말, 서울 삼성동에 첫 매장을 오픈한 요란은 한마디로 직화 요리주점이다. 오감을 만족시키는 장소에서 '요란하게 즐기다' 돌아가라는 뜻의 요란은 맛있는 요리를 먹을 수 있는 일본식 요리주점과 패밀리레스토랑의 중간단계라고 보면 된다.

언제나 강조하지만 외식업의 성패는 맛에 달려있다. 게다가 샐러드, 해산물, 국물, 튀김, 중화, 특선요리 등 100여 가지에 이르는 다양한 메뉴를 선보이는 요리주점답게 어느 매장에서도 동일한 음식 맛을 낼 수 있도록 표준화하는 작업에 공을 많이 들였다.

이미 4개 매장을 연 요란은 런칭하기 1년 전부터 시스템 테스팅 작업을 해왔다. 서울 여의도와 매봉, 홍대, 마포, 양지 등에 시험매장을 운영함으로써 고객의 반응을 검증한 결과 성공적이었다. 새로운 입맛에 민감한 젊은 층부터 온가족이 다함께 즐길 수 있도록 100여 가지가 넘는 다양한 메뉴로 고객공략에 나서는 중이다.

사실 요란이 세상에 나오게 된 숨은 동기가 있다. 벌집삼겹살에서는 매년 어려운 이웃들에게 무료로 삼겹살을 대접하는 '사랑의 삼겹살'이라는 작은 자선행사를 해오고 있다. 형편이 넉넉지 않은 분들이라 그곳에 오시는 노인들은 보통의 성인보다 많은 양의 고기를 드신다. 그런데 어느 날 할머니 한 분이 배불리 고기를 드신 후 이렇게 말씀하시는 것이었다.

"이제 삼겹살은 많이 먹었으니까 다른 요리도 먹었으면 좋겠네."

나는 얼른 말을 받아 "그럼, 제가 요릿집 내겠습니다!"라고 대답했다. 그 말이 동기가 되긴 했지만 가족끼리 동그랗게 모여앉아 맛있는 요리를 먹을 수 있는 식당을 갖는 것이 나의 오랜 꿈이기도 하다.

지난해 연말부터 모객을 시작한 벌집투어는 올 1월까지 500명의 여행객에게 품질 좋은 여행서비스를 제공했다. 문화의 갈래에서 본다면 여행업과 외식업은 크게 동떨어진 분야는 아니라고 생각한다.

벌집투어의 여행은 한마디로 프리패키지다. 자유로운 여행을 즐기며 그 나라마다 놓칠 수 없는 볼거리와 즐길거리는 꼭 챙기고 돌아온다는 것이 콘셉트이다. 특히 음식에 관심이 많은 나는 각 나라별 고유 음식과 연계하는 상품개발에도 주력할 생각이다. 여행과 음식이 어우러진 여행상품인 셈이다. 같은 나라를 여행하더라도 다른 여행사에서는 찾을 수 없는 벌집투어에서만의 특별한 즐거움을 느끼게 해주는 것이 목표다.

음식과 여행, 여기에 새로운 문화상품으로 가공하기 위한 재료로 내가 관심을 가지고 있는 분야는 바로 교육서비스다. 시험삼아 벌집투어와 교육을 결합한 여행상품이 출시되었는데 다행히 학부모와 아이들의 반응이 꽤 좋은 편이다. 지난해 연말 문을 연 요미요미 키즈카페도 요리와 여행, 교육을 아우르는 통합문화상품 개발의 연장선에 있다고 볼 수 있다.

요미요미 키즈카페는 평범한 실내놀이터가 아니라 원어민 영어선생님과 함께 어울리며 영어도 배우고 미술선생님과 함께 그림도 배울 수 있는 새로운 형식의 키즈카페를 표방한다. 아이들이 노는 동안 엄마들은 피부관리나 네일아트 등을 받을 수 있도록 차밍코너를 마련해 차별화를 두었다.

나는 교육사업에 관심이 많다. 개그맨을 그만두면서 처음 시작했던 사업도 교육사업이었고, 에듀몬TV 사업을 미완성으로 남겨두었지만 언젠가는 반드시 교육사업을 재개하리라는 다짐을 잊은 적이 없다. 이는 황금시장에 대한 욕심도, 얄팍한 승부욕 때문도 아니다. 교육이야말로 어떤 사업보다 사업가로서의 성취감과 보람을 함께 줄 수 있는 분야라고 믿기 때문이다. 더 나아가 멋진 키즈타운(Kids Town)을 만드는 것이 내가 꿈꾸는 교육사업의 종착역이 될 것이다.

통합문화상품에 관심을 두는 것은 음식과 여행, 교육은 각각 개별적으로 상품의 한계가 있지만 이를 적절히 혼합하면 무궁무진한 문화상품이 파생되기 때문이다. 앞으로 벌집에서 보여줄 수 있는 다양한 문화상품을 통해 새로운 세상을 경험할 수 있을 것이다. 이것이 진정한 '맛으로 여는 새로운 세상' 인 셈이다.

사람 부자 되기 39

현재의 사람관계나 사업관계에 만족하지 말아라. 정체는 달콤한 듯 느껴지나 미래를 막는 장애물임을 명심해야 한다. 발전적인 관계가 좋고 행복한 것임을 나는 알고 있다. 그래서 난 꿈꾸는 것으로 만족하지 않고 행동으로 실천한다. 나뿐만 아니라 다른 사람이 함께 만족하기 위해서다. 내가 할 수 있는 한 현재에 안주하지 않고 더 많은 기회를 만들려고 한다.

내가 꿈꾸는 CEO

나는 벌집삼겹살에서 마케팅을 맡고 있다. 어떻게 하면 벌집삼겹살이 잘될 수 있을지 고민하는 일이 내 역할이다. 물건을 아무리 잘 만들어도 잘 팔지 못하면 마케팅의 책임인 것처럼 회사의 수익은 마케팅에 달려 있다. 그래서 개업식 매장에 알록달록한 풍선 하나라도 더 달아 눈길을 끌고자 하는 것이다.

방송연예과 출신인 내가 마케팅에 대해서는 이론적으로 공부했을 리가 없다. 대부분 사업을 하면서 몸으로 배우고 익힌 것들이다. 이를테면 실무마케팅인 셈이다. 그래서인지 언제나 부족함을 느끼는 나는 다양한 창구를 통해 보충하려고 노력한다. 마케팅과 관련된 강좌를 듣기도 하고 전혀 관련이 없어 보이는 미용이나 메이크업, 패션코디네이션 강좌도 듣기도 했다. 대학에서 배웠던 화술, 신체동작, 심리학도 마케팅에 적지않은 도움이 되었다.

현재 나는 다섯 개의 경제포럼 회원이다. 케이블TV에서 의학과 경제 관련 프로그램 진행을 맡아서인지 의학이나 경제학 관련 강좌도 즐겨 듣는 편이다. 각종 홍보대사나 학회에도 기회가 된다면 열심히 참여하려고 한다. 전문가 집단에서 주최하는 강좌를 듣거나 전문분야에 관심을 가지면 다양한 분야의 사람들을 만날 수 있다는 장점이 있다. 미용인 세미나에 가면 미용사들을 만나고 안경과 관련된 세미나에 가면 그들의 직업세계의 이야기를 듣느라 시간 가는 줄 모른다.

나는 외식 프랜차이즈업을 하고 있지만 다른 분야에 활동하는 전문가들의 말에 귀기울이는 것을 좋아한다. 현재 아마추어천문학회 이사직을 맡고 있는데 사람들은 대부분 뜬금없다는 반응이다. 나는 사업과 무관하게 순전히 별을 좋아하는 개인적 취향 때문에 이곳에 가입했다. 적어도 CEO라면 폭넓은 식견을 가지고 다양한 분야에 관심을 가지는 것이 바람직하다고 생각한다.

아직도 동료 연예인들은 다시 방송으로 돌아오지 않을 것인가 물어온다. 사업을 하던 초기에는 실패를 맛봤으니 그만 돌아오라고 권유를 했다가 어느 정도 안정을 찾으니 놀이 삼아 방송을 해보라며 옆구리를 찌른다.

하지만 나는 다시 방송인으로 돌아갈 생각이 전혀 없다. 사실 개그무대를 떠난 뒤 일년 동안 〈개그콘서트〉를 보지 않은 때도 있었다. TV를 보면 다시 무대에 서고 싶어질까 봐 겁이 났기 때문이다. 하지만 지금은 후배들이 열심히 활동하는 모습을 지켜보는 것이 더 뿌듯하다. 내가 있어야 할 자리는 후배들을 응원하는 지금의 위치라고 생각한다. 이제는 "당신 정말 웃긴다."는 말보다 "벌집삼겹살 맛있다."는 말이 더 듣기 좋으니 정말 장사꾼이 다 된 모양이다.

개그맨으로 은퇴를 했지만 나는 아직도 케이블TV에서 진행자로 꾸준하게 활동하고 있다. 현재 한국경제 의료프로그램, 티브로드 휴먼 프로그램 진행자로 방송의 끈을 놓지 않고 있는 것도 배울 수 있는 통로를 제한하고 싶지 않기 때문이다. 게다가 창업경영, 의료, 웨딩 등 다양한 분야의 방송프로그램 진행은 시간적 여유가 부족해 대학원에 진학할 수 없는 나에게는 멋진 간접교육기관이기도 하다. 사업가로 전업한 내게 이제는 방송이 부업이 된 셈이다.

케이블TV 방송진행과 더불어 강의는 개그맨을 그만둔 이후에도 쉬지 않고 꾸준히 해오고 있는 일이다. 처음에 강의는 생활비를 벌어보기 위해 시작했던 것으로 초창기에는 웃음을 주제로 한 강의가 대부분이었다. 그러다 사업을 시작하면서 강의 주제도 자연스럽게 창업과 마케팅쪽으로 바뀌기 시작했다. 요즘에는 기업체나 관공서, 창업센터, 대학교 등에서 나와 같이 사업으로 성공하고 싶어하는 사람들에게 창업과 마케팅 실무, 서비스 마인드 등 사업에 관한 다양한 내용을 주제로 강의하고 있다.

강의할 때 나만의 철칙도 있다. 사람을 만날 때와 마찬가지로 보험회사에 강의를 준비할 때면 그 회사의 주력 보험상품, 특징적인 마케팅 전략 등을 분석해 강의내용에 첨가한다. 그런 경우 십중팔구 참석한 수강생들의 집중력도 높아지고 반응도 눈에 띄게 좋다.

사람을 만날 때도 마찬가지다. 해당 기업이나 단체에 가기 전에 반드시 그 분야에 대해 꼼꼼히 공부한다는 점이다. 전문분야의 사람들을 만나기 전에 기본적인 대화를 주고받을 정도의 사전지식을 알고 가는 것이 예의다. 나는 주로 책을 통해 이 문제를 해결하는 편이다. 만나는 사람과 일 이야기만 할 수 없으니 가벼운 농담도 하고 요즘 이슈가 되는 부분에 대해 간단한 의견을 나누기도 한다. 이때 각자 속한 분야의 일에 대해 진지하게 듣거나 조언을 구하기도 하는데, 그러다 보면 자연스럽게 세상을 넓게 보는 안목이 생기게 된다.

현재 ㈜벌집의 대표인 나는 전문경영인이 되고 싶은 꿈을 가지고 있다. 사업하는 사람이라면 누구나 꿈꾸는 최고경영자, 즉 CEO가 되고 싶어할 것이다. 나 역시 나만의 독특한 경영철학과 리더십이 있는 진정한 CEO가 되고 싶다.

사업을 하는 사람에겐 빠른 판단력이 필요하다. 더불어 사람을 보는 안목도 있어야 한다. 경영자의 선택에 따라 그의 직원과 가족들의 생계가 결정되기 때문이다. 누구에게 어떤 일을 시킬 것인지를 결정하는 일도 전적으로 전문경영인의 몫이다. 나는 일을 분류하고 그 일을 잘해낼 수 있도록 최적의 인력을 적절히 배치하고 성취하는 것에 매력과 희열을 느낀다.

좋은 대학을 나오거나 유학을 다녀오지 않았지만 수많은 실패의 경험을 통해 시장을 분석하고 사람을 읽는 능력을 얻었다. 나는 다른 CEO들처럼 정부의 동향이나 정책, 다른 회사가 어떤 전략을 세웠는지에 대해선 큰 관심이 없다. 하지만 소비자의 심리나 동향, 무엇을 좋아하고 싫어하는지에 대해선 누구보다 민감하고 빨리 반응할 자신이 있다. 이는 현실적으로 성공의 방법을 체득한 CEO로서의 내 무기이자 능력이다.

영화배우 장동건은 멋진 사람이지만 왠지 거리감이 느껴진다. 그러나 개그맨 출신 CEO라면 얘기가 달라진다. 친근하기 때문이다. 그래서 나는 언제라도 찾아가면 만나줄 수 있는 CEO가 되고 싶다. 사람들에게 '나도 저 사람처럼 될 수 있어!' 라는 꿈을 심어줄 수 있는 CEO라면 더 좋겠다. 미국 대통령이었던 레이건도 코미디언 출신 연예인이었으니 끊임없이 도전하면 그 끝에 무엇을 만나게 될지는 아무도 모르는 일이다. 한 가지 확실한 것은 꿈을 포기하지 않는 사람만이 해피엔딩을 맞을 수 있다는 사실이다.

사람 부자 되기 40

  내 명함을 책임지겠다는 마음가짐은 나의 삶의 태도와 각오를 다지는 데 좋은 모티브가 된다. "난 CEO로 남고 CEO로 살 것이다. 그리고 그 분야의 전문가가 되기 위해서 직함에 부끄럽지 않게 최선을 다 할 것이다." 이렇게 주문을 외우고 하루를 시작하는 날은 분명히 다른 날과 차이가 있다.

Chapter 5 사람 부자를 꿈꾸다

나는 사업을 하면서 돈보다 사람을 더 많이 벌었다고 감히 말하고
싶다. 사업에 실패했을 때 나를 가장 절망으로 몰아넣었던 것도 사람
이었지만 다시 일어설 수 있도록 내 손을 잡아준 것도 사람이었다.
결국 운도 돈도 명예도 사람을 따라 오고 가는 것이다. 그래서 나는
창업을 준비하거나 프랜차이즈 가맹계약을 염두에 두고 있는 사람들
에게 돈을 구하기보다 좋은 사람을 먼저 만나라고 조언해주고 싶다.

사람을 버는 장사꾼이고 싶다

돈보다 사람 밑천을 장만하라

"프랜차이즈 창업을 하려면 돈이 많이 드나요?"

벌집삼겹살로 내 이름이 알려지면서 많이 받는 질문 중 하나이다. 남자들은 누구나 자신의 사업체를 꾸려 사장이 되고 싶은 로망을 가지고 있다. 정년퇴직이 빨라지고 취직도 잘되지 않는 20대 청년들도 취업보다는 창업에 관심이 더 많은 것 같다. 회사에서 월급을 받기보다 마음 편하게 하고 싶은 일로 돈도 벌고 멋지게 성공해서 살아보고 싶은 포부가 왜 없겠는가.

창업할 때 무엇을 가장 먼저 준비해야 하느냐고 묻는다면 내 대답은 명확하다. 바로 사람이다. 대부분 사무실도 얻고 사람도 만나고 제품을 개발하려면 창업자금이 더 급할 것이라고 생각할 것이다. 하지만 좋은 사무실을 얻으려면 좋은 부동산 중개인을 만나야 하고 사업

파트너도 잘 만나야 성공할 수 있다. 제품이나 상품의 개발 역시 그 분야의 훌륭한 전문가 없이는 할 수 없는 일이다.

나는 사업을 하면서 돈보다 사람을 더 많이 벌었다고 감히 말하고 싶다. 사업에 실패했을 때 나를 가장 절망으로 몰아넣었던 것도 사람이었지만 다시 일어설 수 있도록 내 손을 잡아준 것도 사람이었다. 결국 운도 돈도 명예도 사람을 따라 오고 가는 것이다. 그래서 나는 창업을 준비하거나 프랜차이즈 가맹계약을 염두에 두고 있는 사람들에게 돈을 구하기보다 좋은 사람을 먼저 만나라고 조언해주고 싶다.

고등학교 2학년 때 우연히 내 인생의 마스터플랜을 짜본 적이 있었다. 마치 초등학생이 방학 동안 생활계획표를 쓰는 것처럼 내 인생을 나이별로 나눠 그 사이에 내가 해 나갈 일을 적어보는 것이었다. 건강하니까 85세까지 산다고 가정하고 할아버지와 아버지의 인생을 참고해 언제부터 돈을 벌어 차는 언제쯤 사면 좋겠다는 식이었다. 그 계획표 안에는 공부에 별 취미가 없던 나였기에 언제쯤 연예인이 되고 언제부터 사업을 시작해서, 노후에 남을 도와주는 복지사업을 훌륭히 해낼 것이라는 제법 꼼꼼히 설계도가 그려져 있다.

그런데 완벽한 인생의 마스터플랜에 한 가지 아쉬운 점이 있었다. 가정 형편도 넉넉지 않았고 학생 신분에 가진 돈이 많지도 않았으니 성공할 밑천이 없다는 것이었다. 돈도 들지 않고 성공의 밑천이 되어줄 수 있는 것이 무엇일까 고민하던 끝에 나는 앞으로 10년 동안 나의 사람을 만들겠다는 결심을 했다.

사람을 많이 만나면 나를 도와줄 사람들이 많아 질테니 성공하는 데 도움이 되면 되었지 손해날 일은 아니라는 생각이 들었다. 게다가

운이 좋아서 성공한 사람과 알고 지낼 수 있다면 그 자리에 오르기까지의 과정을 고스란히 배울 수 있으니 돈보다 더 값나가는 밑천처럼 느껴졌다.

어릴 적부터 나는 친구라면 밥 먹다가도 뛰쳐나갔다. 친구와 노는 것이 밥 먹는 일보다 좋았기 때문이다. 그러다 보니 나는 응원단장, 보이스카우트, 운동부 활동 등을 하며 사람이 많이 모이는 곳에 늘 있었다. 골목대장은 언제나 내 차지였고 학년이 바뀔 때마다 오락부장은 으레 내 몫이었다.

꼭 그 때문만은 아니지만 개그맨이 된 뒤로는 나는 사람 만나는 일에 푹 빠져 있었다. 연예인은 천성적으로 사람을 좋아해야만 성공하는 직업이었다. 사람마다 특유의 말투와 표정, 개성이 있는데 이것은 모두 개그의 소재가 되었다. 사람이 모인 곳에는 재미있는 상황도 생기며 감동적이고 슬픈 장면도 만날 수 있어 언제나 아이디어에 목마른 나에겐 사람만큼 훌륭한 영감은 없었다. 그렇게 차곡차곡 사람을 만나는 것이 내게는 개그의 큰 밑천이 되었다.

사람 부자 되기 41

　'사람의 마음을 얻는 것은 천군만마(千軍輓馬)를 얻은 것과 다름없다'는 말이 있다. 진정한 성공은 재산 정도가 아니라 사람의 마음을 얻는 것이다. 사업과 인생에서 사람의 마음을 갖기 위해 시간적, 물질적인 정성을 쏟아야 하는 이유도 이 때문이다.

똑똑한 사람보다
우직한 사람을 탐하라

나는 똑똑한 사람보다 정직한 사람이 더 좋다. 한 가지 밖에 모르는 바보들, 남들이 모두 조롱해도 자신이 옳다고 믿고 목숨을 거는 정의파들이 좋다. 그래서 그들의 삶을 세상이 정하는 잣대에 따른 성공과 실패에 상관없이 내 곁에 두고 싶다.

벌집에서 근무하는 직원은 본사와 지사, 물류센터를 포함해 대략 100명 정도이다. 본사에는 이사와 재무관리팀이 있고 서울 신월동 사옥에는 지원관리업무팀이 있다. 전체 가맹점 종업원까지 합치면 2,500~3,000명의 대식구가 벌집 아래에서 일하고 있으며 이들은 대부분 신분과 국적을 초월한 다국적 직원들이다.

벌집삼겹살에 지원하는 직원들의 자격요건은 연령불문, 학력불문이다. 대신 우직한 사람인가 아닌가에 대해서는 요모조모 꼼꼼하게 따져본다. 직접 몸으로 뛰는 일이 많은 탓인지 상당수 직원들의 학력은 고졸이지만 업무역량으로 평가한다면 하나같이 '트리플A'를 줘도 시원치 않을 만큼 탁월한 일꾼들이다.

초창기 벌집 본사 직원은 우리가 인수한 회사에 고용된 사원들이었다. 비록 회사는 바뀌었지만 그들은 지금까지 벌집을 이끄는 중추적인 인재들이기도 하다. 함께 고생해준 그들은 무엇을 줘도 아깝지 않을 만큼 내 마음이 간다. 얼마 전에도 회사 여직원의 친오빠 결혼식 사회를 보기 위해 지방에 다녀오기도 했다.

처음에는 학력도 좋고 외모도 단정하고 호감도도 높은 지원자에게 채용기회를 준 적도 있었다. 하지만 그들은 오래 버티지 못했다. 일이 힘들고 어렵다고 느끼면 가장 먼저 떠날 생각부터 했다. 대신 학력은 조금 떨어져도 성실하게 배울 자세를 가진 사람은 아직까지 벌집을 지키고 있다. 성실하고 우직한 사람들은 심지어 정직하기까지 했다.

가맹점 계약을 마친 한 매장의 개점을 앞두고 인테리어 공사가 한창이던 때였다. 이 과정에서 간혹 인테리어 업체 소장들이 로비성 '봉투'를 직원들에게 몰래 건네는 일이 발생하기도 한다. 그런데 담당했던 직원 K 씨가 어느 날 결재서류를 건네면서 봉투 하나를 내려놓고 가는 것이었다.

"K 씨, 이게 뭡니까?"

내가 봉투의 출처를 묻자 그는 인테리어 업체 소장인 아무개 씨가 건네줬다고 대답했다. 순간 나는 피식 웃음이 났다. 약간의 사심만 있었더라면 보고하지 않고 처리했어도 아무도 모를 일이었다. 그런데 받은 봉투를 거리낌 없이 내 책상 위에 올려놓고 그 직원은 "우리는 그런 거 안 받잖아요. 사장님께서 돌려주세요!"라고 말하는 것이다.

나는 사업을 하면서 능력 있는 사람은 많아도 정직한 사람을 찾기는 어렵다는 것을 알게 되었다. 그야말로 하늘의 별 따기만큼 찾기 어렵다는 '정직하고 우직한 사람'이 내 곁에 온 이상 오래오래 벌집과 함께 있어주기를 바라는 수밖에.

사람 부자 되기 42

정직하고 우직한 사람을 곁에 두려면 나 먼저 정직하고 우직해야 한다. 주변사람의 모습은 자신 인생의 표본이자 거울이다. 날마다 내가 어떤 사람인가를 생각하며 살기를 노력해 보자. 그러면 시간이 지날수록 삶이 윤택해지고, 풍성함으로 가득 채워지는 명품 인생으로 바뀌게 될 것이다.

어른 주변에서 놀아라

초등학교 시절 내가 가장 가지고 싶었던 것이 바로 '형'이었다. 친구들과 어울려 놀 때는 큰 아쉬움을 못 느꼈지만 '형'의 진가는 친구들과 싸울 때 나타났다. 입장이 불리해진 친구가 마지막 히든카드처럼 자신의 형에게 지원요청하면 나는 결코 이길 수 없는 상대에게 번번이 참패를 맛보곤 했다.

집에서도 '형'이 없는 내 위치는 유리할 때보다 불리할 때가 더 많았다. 장남인 나는 언제나 두 명의 동생을 잘 건사하라는 다짐을 받으며 자랐다. 동생이 울어도 내가, 내가 울어도 내가 혼났다. 그러다 보니 내가 싸울 때 지원군이 되어줄, 동생이랑 싸워도 대신 혼나줄 형이 제일 가지고 싶었다. 오죽하면 철이 들기 전까지도 엄마한테 "나도 형 아 낳아줘."라며 조르기까지 했을까. 지금 생각해보면 어린 내가 너무 귀엽게 느껴진다. 엄마가 내 소원대로 뒤늦게 아기를 낳아도 이미 장남인 내게 '형'이 될 수가 없다는 것을 정말 몰랐을까.

일찌감치 막강 '형'이 존재하는 한 친구와 대등할 수 없다는 사실을 깨닫게 된 나는 또래 친구들과 어울리는 것에 흥미를 잃었다. 동갑내기보다 형들이 있는 곳이 더 좋았다. 초등학교 때는 중학생 형들과 어울리고 중학교에 올라가서는 고등학교 형들과, 대학신입생 때는 군대를 다녀온 복학생 선배들과 어울려 다녔다.

나이가 많은 형들과 어울리면서 또래보다 알게 되는 것도 더 많고 말투나 행동도 어른스러워졌다. 나는 친구들이 잘 피우지도 못하는 담배를 콜록대며 피우고 여자들 앞에서 잘 보이기 위해 괜히 어깨에 힘을 주고 다니는 모습이 한심하게 느껴지기 시작했다. 또래 친구들이 가진 형 대신에 내가 성숙해지는 것으로 형의 자리를 대신하고 싶었는지도 몰랐다. 고등학교 졸업을 앞두고 레크레이션 자격증을 따게 된 것도 사회에 나가면 필요할 테니 따두면 좋다는 주변 형들의 권유가 컸다.

개그맨으로 방송국에 들어와서도 동기보다는 한참 선배인 김한국, 오재미 선배 등과 어울리는 것을 더 좋아했다. 사람들이 선배 '꼬붕'이라고 농담처럼 말해도 나는 이상하게 그게 재미있었다. 선배들의 대리 운전을 하다 보니 자연스럽게 운전실력이 늘어 이세창, 류시원, 박용하, 안재모 등과 함께 연예인 레이싱팀의 선수가 되기도 했다.

선배들이 주고받는 대화 속에는 내가 이루고 싶은 꿈과 내가 알고 싶어했던 사람관계의 비밀, 잘 몰랐던 방송국 사정까지 모두 들어있었다. 선배들 덕분에 들어가 본 코미디클럽에서의 공연은 후에 대학로 공연에서 개그소재로 사용했다. 선배들의 세상에서는 동기들과 어울리는 세상에서 얻을 수 없는 인생수업이 가능했다. 나는 선배들과 어울리면서 몸과 마음으로 익힌 것들로 나를 살찌웠다.

선배들도 말 잘 듣고 약속을 철저하게 지키며 언제나 생글거리는 나를 예뻐했다. 간간히 용돈도 보태주고 요즘 애들답지 않게 검소하다며 칭찬도 해주었다. 가끔은 술·담배도 하지 않고 지독하게 돈도 쓰지 않는 나를 독한 놈이라며 혀를 내두르다가도 "그래도 하는 짓은 예쁜단 말야."라며 내 마음을 알아주는 선배들이 좋았다.

사업을 하기 시작하면서 나는 배울 수 있는 어른 주변을 맴돌았다. 덕망 있는 유명 기업체의 사장과 대화의 물꼬를 트기 위해 매일 새벽 그분의 집 앞에서 기다렸다가, 막히는 출근길에 사장과 함께 뒷자리에 앉아 한 시간 이상 대화를 나누며 친분을 쌓은 일도 있었다. 대기업을 이끄는 총수였지만 그는 매우 성실했고 무엇보다 시간을 금처럼 여겼다. 이동시간을 줄이기 위해 낮보다 교통량이 적은 밤에 이동하던 모습은 내가 배워야 할 부분으로 여기고 있다.

내가 인생의 스승이자 어른으로 존경하는 분 중에 우리들병원 최일봉 원장님과 CJ건설 오명길 사장님이 있다. 카톨릭의대 의과대학장을 지낸 최일봉 원장님은 아직 예순이 되지 않은 나이임에도 주말마다 여행을 떠나는 여행광이다. 주말 오후쯤 되면 내 핸드폰에는 어김없이 원장님이 떠났던 여행지의 사진이 하나둘 전송된다. 비록 함께 가진 못했지만 사진이라도 보며 잠시 쉬라는 어른의 세심한 배려인 것이다.

최 원장님을 처음 만난 것은 케이블TV 의료방송의 진행을 맡으면서부터다. TV를 잘 보지 않던 최 원장님은 처음에 내가 개그맨이 아닌 방송 진행자라고 생각했다고 한다. 그러다 우연히 케이블 TV 프로그램에 내가 나오는 것을 보고 그제야 개그맨이라는 사실을 알게 되었다. 처음부터 대화가 잘 통했던 최 원장님과 나는 차에 대해 관심이 많다는 것을 알게 되면서 더욱 가까워졌다.

그 뒤로도 최 원장님은 나를 아들처럼 챙겨주셨다. 외국여행을 다녀와도 내 선물을 빼놓지 않았다. 갑자기 알프스에 왔는데 경치가 너무 근사하다며 눈 덮인 알프스산을 휴대전화로 찍어서 보내주기도 했다. 가끔 새벽에 우리 집 앞에 와서 나를 태우고 자유로를 달려 철원쯤 가서 점심을 먹고 돌아오기도 한다. 나는 그분의 삶을 엿보며 쉼과 여유에 대해 배울 수 있었다.

CJ건설 오명길 사장은 안 해본 일 없이 두루 거쳐 다양한 경험을 쌓으며 대기업 사장직까지 오른 분이다. 본래 현대건설에서 일했고, 정주영 회장께서 친히 "곱슬머리, 이리와."라며 각별히 챙겼던 분이라고 한다. 오 사장님의 매력은 자신이 해야 할 일이라면 목숨이라도 걸고 해낸다는 것이다.

예전에 러시아 블라디보스톡에서 공사를 진행할 때 생긴 일이었는데, 어느 날 러시아 마피아들이 오 사장님이 공사를 진행하는 곳에 총을 들고 죽 늘어서 있었다고 한다. 하지만 오 사장님은 그 사이를 아무렇지도 않게 걸어가 하던 일을 마저 했다고 한다. 마피아가 총을 들고 있어도 그날 끝내야 할 공사일정은 마무리하겠다는 그의 뚝심이 그렇게 할 수 있게 한 것이다.

나는 이 분들이 내 인생의 큰 스승이라고 생각한다. 앞으로도 그 어른들 곁에 오래 머물며 어릴 때 형들 주변에서 기웃거렸던 것처럼 내 나이 때는 알 수 없고 볼 수도 없는 세상 엿보기를 계속 하고 싶다.

사람 부자 되기 43

인생의 연장자와 함께 한다는 것은 좋은 책을 읽는 것보다 유익하다는 말이 있다. 여기에 있어서 주의해야 할 것은 교제는 도를 지나치지 않으며, 예의를 지켜야 한다는 것이다. 그분들의 경험과 연륜은 내게 귀한 인생 지침서 역할을 한다. 분명한 것은 주변에 멘토 역할을 해줄 수 있는 이가 넘쳐날수록 당신은 이미 행복한 부자가 될 확률에 좀 더 가까워졌다는 사실이다.

밥 한 공기의 힘

별명이 짠돌이인 내가 유일하게 돈을 펑펑 쓰는 곳이 있다. 바로 밥을 사는 일이다. 친구나 선후배, 사업차 만나는 사람들을 만날 때 내가 제일 먼저 물어보는 말이 바로 "밥 드셨어요?"이다. 만약 상대가 밥을 먹었다면 내 핑계를 대서 먹고, 안 먹었다고 하면 옳다구나 하면서 또 먹는다. 그러다 보니 어떤 날은 점심을 두세 번 먹을 일도 생긴다. 오죽하면 같은 소속사 LPG나 브로닌 같은 후배들이 "오빠, 이렇게 밥 사주다 거덜나겠어요."라고 걱정을 해줄 정도다.

사실 내 한 달 밥값은 여느 회사원 한 달 월급을 웃돌 정도다. 메뉴를 상대방에 맞추다 보니 가격 편차가 큰 탓도 있지만 밥만큼은 부족함 없이 후하게 대접하고 싶기 때문에 아깝다는 생각은 들지 않는다.

따뜻한 밥 한 공기는 생각만 해도 기분이 좋아진다. 갓 지은 밥냄새가 얼마나 달달한지 누구나 경험으로 알고 있을 것이다. 고슬고슬한 밥 한 공기 위에 모락모락 피어나는 김을 보면 없던 식욕도 돌아온다. 밥 한술을 푸짐하게 떠서 뜨거운 국물과 곁들어 한 그릇 뚝딱 해치우면 세상의 걱정근심이 어느새 저만치 달아나는 것만 같다. 그래서 밥심이라는 말이 있나 보다.

내가 밥을 좋아하는 이유는 따뜻하기 때문이다. 사람들은 함께 밥을 먹는 사람들과 백이면 백 모두 친근함을 느낀다. 특히 한국사람은 함께 밥을 먹어야 친해진다는 말도 있지 않은가. 무명 개그맨으로 어려움을 겪던 시절 선배들에게 참 많은 밥을 얻어먹었다. 어렵던 시절이었으니 공짜밥 한 그릇이 반갑기도 했지만 밥 한 공기를 마주하고 이런저런 이야기를 주고받다 보면 서로 마음이 통하는 것 같아 느낌이 더 좋았다.

그때 기억이 인상깊게 남은 탓인지 나는 사람들을 만나면 밥부터 먹고 본다. 일이 급하면 밥을 뭐로 먹을 것인가 정하고 일을 시작하기도 한다. 그도 여의치 않으면 다음에 만나 어떤 밥을 먹을 것인지 약속하고 헤어지는 일도 있다. 돌아가신 개그맨 양종철 선배의 "밥 먹고 합시다!"라는 유행어처럼 나도 수시로 "밥 먹고 합시다."를 즐겨 외친다.

얼마 전에도 밥 한 번 시원하게 사기도 했다. KBS의 부장님이 이끄는 코미디프로그램 제작진과 출연진에게 식사 한 끼를 대접한 일이 있었다. 내가 갈갈이 삼형제로 인기를 얻고 있을 때 책임프로듀서였던 그분은 어느덧 정년을 앞두고 있다고 했다. 우연한 기회가 닿아 밥 한 끼 대접했을 뿐인데 그 부장님의 반응은 뜻밖이었다.

"내가 이제 정년이 5년밖에 남지 않았는데, 이 대표 덕분에 우리 프로그램 제작진이랑 출연진한테 면이 섰네. 앞으로 내 도움이 필요한 일이 있으면 언제든지 부탁하게.”

밥 한 끼에 대한 보답치고는 과찬이었다. 과거에 내가 개그맨으로 잘 설 수 있도록 지켜주신 분에 대한 일종의 보은의 밥 한 끼였을 뿐이다. 도움을 받고자 밥을 대접한 것은 더욱 아니었지만 부장님의 진심 어린 마음이 전해지는 것 같아 한동안 마음이 훈훈했다.

사실 밥인심 후한 사람은 대한민국에 따로 있다. 내가 닮고 싶은 모델이기도 한 그분의 이름은 서영남 선생님이다. 방송에도 소개된 적이 있던 그분은 본래 카톨릭 수사였다. 그러다 인천시 화수동에 ‘민들레 국수집’이라는 작은 식당을 차린 후 노숙자와 부랑자들에게 무료로 국수를 대접하기 시작했다. 국수값은 “잘 먹었습니다.”라는 인사가 전부다.

맛깔스러운 반찬도 푸짐하고 이가 부실해 씹지 못하는 사람들을 위해 반찬을 잘게 잘라주는 배려도 서 선생님을 따를 자가 없다. 방송을 통해 그의 선행이 알려진 덕분에 이제는 전국의 이름 없는 후원자들이 보내오는 쌀과 야채, 고기로 밥을 지어 가난한 사람에게 대접할 수 있게 되었다. 내가 대접하는 밥인심이 그 분의 한 끼 밥만큼만이라도 풍요롭고 따뜻한 일이 되면 좋겠다.

밥인심은 우리 집안의 내력이기도 하다. 친할아버지는 밥 퍼주기 대장이셨다. 동네 이장을 지내셨는데 할아버지집에는 언제나 사람들로 북적거렸다. 할아버지들은 장기도 두고 할머니들은 두런두런 담소를 나누시며 한두 끼를 해결하고 해가 질 무렵이면 각자 집으로 돌아가시곤 했다. 나는 하루 종일 할아버지집에서 놀다가 밥까지 얻어먹고 나서야 집으로 돌아가는 사람들이 못마땅했다.

"할아버지, 저 사람들은 집에 밥 없어요? 맨날 할아버지네서 밥을 먹어요?"

"떽! 밥 한 공기가 뭐라구. 저 사람들이 더 귀한 법이다."

할아버지는 밥인심뿐 아니라 먹는 인심이 고약하면 대뜸 불호령을 내리셨다. 명절이 되면 나는 할아버지 심부름을 하느라 눈코 뜰 새가 없이 바빴다. 할아버지는 고기와 떡을 검정 비닐봉지에 담아 형편이 어려운 집집마다 돌리셨는데 그 배달담당이 바로 나였다. 심부름을 다녀오는 대가로 용돈을 주셨는데 그것을 받는 재미에 하루 종일 버스를 타고 전해주느라 하루해가 기우는 줄도 몰랐다.

할아버지가 돌아가시자 이번에는 아버지가 그 일을 대신하셨다. 할아버지 몫에 아버지의 동료나 아끼는 분들까지 합쳐져 나는 지방까지 심부름을 떠나야 했다. 갈 때는 무거운 짐을 내려놓고 오겠다는 계산으로 떠났지만 돌아오는 손이 더 무거웠다. 선물을 받은 분들은 기어이 시골음식이나 텃밭에 가꾼 고추와 깻잎 등을 바리바리 챙겨 내 손에 쥐어주셨기 때문이다. 들고 내려간 짐보다 들고 올라오는 짐이 더 무겁다는 내 푸념에도 다음 명절이면 아버지는 여지없이 선물배달을 시키셨다.

시간이 지나고 보니 그때 할아버지께서 하신 말씀이 가끔 떠오른다. "내가 대접한 밥 한 공기를 귀하게 기억하고 있는 사람은 언젠가 나를 잊지 않고 다시 기억해준다." 할아버지 말씀은 틀리지 않았다. 내가 베푼 밥 한 공기는 반드시 되돌아왔다. 때로는 위로의 말이나 격려로, 칭찬으로, 때로는 일으켜주는 손길로 내게 되돌아왔다.

참 신기하다. 애초 받을 것을 바라는 마음으로 밥을 산 것은 아니었는데 내가 사준 밥 한 공기가 귀한 사람으로 되돌아온다고 생각하니 한 끼 식사값이 그렇게 작게 느껴질 수가 없었다. 그래서 나는 오늘도 사람들 만나면 이렇게 외친다.

"밥 먹으러 갑시다!"

사람 부자 되기 44

밥을 먹으면 친해진다는 인간관계술이 있다. 한솥밥을 먹는 가족이 가까운 이유도 이 때문일 것이다. 밥을 같이 먹으면 먹을수록 정들고 편해진다. 관심 있는 사람, 아끼는 사람과 함께 따뜻한 밥 한 끼 나누는 것은 어떤 접대와 상술보다 뛰어난 힘을 발휘하기도 한다.

개그맨에게 배운 것들

나는 가끔 사람들에게 사업가로서 이렇게 성공하고 싶은 마음이 있었다면 왜 개그맨이 되었냐는 말을 듣곤 한다. 곰곰이 생각해보면 맞는 말처럼 들린다. 또 다른 한편으로 생각해보면 개그맨을 거치지 않고 고등학교 졸업하자마자 바로 사업가로 출발했더라면 과연 지금보다 더 빨리, 더 높은 곳에 자리 잡을 수 있었을까. 글쎄……. 내 대답은 "아니오."이다.

성공을 향한 욕심만 있었다면 어쩌면 그렇게 했을지도 모른다. 그래서 개그맨을 거쳐 사업가로 전향한 것에 후회가 없다. 내 인생에서 개그맨으로 지냈던 10년이 없었다면 나는 사업으로 돈만 벌고 싶어 안달이 났을지도 모른다. 그랬다면 돈을 벌지 못했거나 돈에 쫓겨 사력을 다해 달려가지 못하고 주저앉았을 것이다. 그만큼 10년 동안 개그맨으로서의 삶은 현재 내 모습에 빛을 내준 스승의 시간이었다.

특히 함께 활동했던 개그맨 동료나 선후배들의 모습에서 나는 돈으로 살 수 없는 많은 인생의 모델들을 발견했다. 사람을 돈으로 값어치를 매길 수 없으니 억만금을 주고도 살 수 없는 귀한 사람들을 만나 내 인생창고에 쌓을 수 있었다.

가장 먼저 떠오르는 사람들은 역시 갈갈이 삼형제의 박준형과 정종철이다. 지금처럼 어엿한 이름값 하는 개그맨이 되기까지 두 사람은 콤플렉스를 기회로 이용하는 고수 중에 고수들이다.

박준형은 툭 튀어 나온 치아가 콤플렉스였다. 다물어지지 않는 입을 가졌다는 이유로 놀림을 받으며 어린 시절을 보냈던 그는 유별난 효자이기도 하다. 그는 홀로 자신을 키우며 살아온 어머니의 고단한 삶을 튀어나온 앞니로 무를 갈며 위로했다. 토끼처럼 앞니로 무를 가는 아들의 모습에 그의 어머니는 그때만큼은 시름을 잊고 환하게 웃었다.

공채 개그맨으로 당당히 방송국에 입성했음에도 박준형이 개그를 제치고 방송프로그램 리포터 활동에 매달린 것은 가난했던 가정환경 때문이었다. 개그프로그램에 엑스트라로 나가면 10만 원을 받았지만 리포터로 나가면 1회 출연료가 30만 원이었다. 아침마당, TV내무반, 강수정의 고교챔프 등 수많은 방송의 리포터로 활동하면서 주가를 올렸지만 그는 늘 개그에 목말라했다. 하지만 개그프로그램에 복귀할 날을 위해 틈틈이 아이디어를 수집하고 대학로에서 부지런히 실전경험을 쌓았다. 결국 그는 개그콘서트에서 간판 코너를 진행하는 든든한 기둥으로 시청자의 사랑을 듬뿍받는 개그맨으로 성공했다.

나보다 한 살 많지만 그가 나보다 어른스러운 것은 대학로 공연을 마친 후 후배들에게 들어오는 꽃다발이나 케이크를 챙겨 어머니께 가져다 드리는 고운 마음을 기억하기 때문이다. 그 마음을 가지고 있는 한 그는 결코 실패하지 않을 것이라는 것을 나는 안다.

초등학교 다닐 때부터 정종철은 못생긴 얼굴에 말투도 독특해 함께 놀자는 친구가 없는 외톨이였다. 그가 유일하게 친구삼아 놀 수 있었던 것은 전자오락이었다. 오락실이 정종철이의 친구였고 아지트였다. 하지만 돈이 없던 그는 오랫동안 오락을 하기 위해 오락기에서 흘러나오는 모든 소리를 통째로 외워버렸다. 어떤 소리 다음에 장애물이 나오고 그때 어떻게 피해야 하는지 모두 소리로 기억한 것이다. 결국 그는 세상의 모든 기계소리를 흉내내는 개그맨이 되었다. 아직도 그가 비행기 소리를 내기 위해 하루 종일 공항에서 녹음해온 비행기 소리를 잘 때까지 들으며 따라하던 모습이 눈에 선하다.

세바스찬 임혁필은 긍정의 힘을 몸으로 보여준 개그맨이다. 그는 언제나 "잘 될거야.", "괜찮아."라는 말을 입에 달고 살 만큼 긍정의 달인이다. 하지만 그도 술에 취해 울면서 스스로에게 "재능은 없으면서 욕망만 크다."라며 울먹인 적이 있을 만큼 개그맨으로서의 고민이 컸다.

누구든 혁필이와 함께 있으면 편하고 즐겁다. 걱정스럽던 일도 그와 함께 이야기를 나누다 보면 금세 잘 풀릴 것 같은 생각마저 든다. 최근에 그는 자신이 잘할 수 있는 일을 찾기 위해 그림 그리는 화가의 길로 전업을 했다. 머지않아 사람들은 혁필이를 개그맨이 아닌 화가로 기억하게 될 것을 생각하면 내 마음이 다 흐뭇하다.

벌집삼겹살의 성공한 가맹점주들도 혁필이처럼 잘 웃고 긍정적인 생각을 가지고 있는 사람들이 많다. 저마다 자기만의 성공비법을 가지고 있지만 그 내면은 모두 '잘될 것이다.'라는 긍정적인 소망이 굳은 심지처럼 자리 잡은 사람들이다. 그러고 보면 세상은 긍정적인 사람에게 긍정적인 시선을 보내는 것 같다. 내가 보낸 긍정의 미소는 반환점을 돌아 다시 나에게 긍정의 결과로 되돌아온다.

사업을 하면 할수록 사람의 마음을 읽는 일에 능통해야 한다는 생각을 지울 수 없다. 상대방이 원하는 것을 알 때는 일이 수월하지만 도무지 상대의 마음을 알 수 없을 때는 어떤 해결책을 제시해야 할지 당혹스럽기만 하다. 그런 점에서 상대의 마음을 읽는 법을 잘 알고 있는 댄서킴 김기수가 떠오른다.

대학로 공연이 성공하면서 갈갈이 패밀리의 이름이 알려지자 전국에서 많은 개그맨 지망생들이 찾아오기 시작했다. 개그맨 지망생들이 갈갈이 패밀리에 합류하면 가장 먼저 하는 일이 표를 파는 일이다. 관객을 모으는 일도 중요했지만 많은 사람 앞에서 공연하려면 두려움을 없애는 것이 필수인데 그 훈련도 겸하는 일이 바로 표 파는 것이었다. 게다가 거리에서 표를 잘 파는 사람이 무대에 올라서도 멋진 연기를 펼쳤다.

거리나 무대에서 관객의 마음을 잡으려면 사람의 마음을 읽을 줄 알아야 하는데 그것을 잘한 후배가 바로 김기수였다. 일단 대학로에서 그에게 걸리면 표를 사지 않고는 못 배길 정도였다. 그렇다고 그가 강매를 하는 것은 결코 아니었다. 그는 어떤 수단과 방법을 동원해서라도 거리의 사람들을 우리 공연의 관객으로 끌어오는 재주가 남달랐다.

보통의 남자 개그맨들과 달리 유독 외모와 치장에 신경을 많이 썼던 김기수는 자기를 표현하는 일에도 최선을 다했다. 덕분에 메이크업을 담당하거나 공연 중 여자 역할은 대부분 기수 몫으로 돌아갔다. 결국 그는 자신의 재주를 살려 댄서킴이라는 재미있는 닉네임으로 인기개그맨이 되었다.

지금은 너무 유명해진 정형돈은 한마디로 무대포다. 개그맨이 되겠다고 찾아온 형돈이는 미안한 말이지만 하나도 안 웃겼다. 한동안 그에게 전단지를 돌리고 표파는 일을 시켰는데 심지어 그것마저도 제대로 해내지 못했다. 오히려 같은 시기에 들어온 이정수는 너무 표를 잘 팔아서 무대에 올리는 게 손해라고 느껴질 정도였다. 그런데 형돈이는 재능이 없다는 선배들의 구박에도 전혀 기죽지 않았다. 실컷 혼이 난 다음에도 아무 일 없었던 것처럼 다시 '안 웃긴 개그'를 계속 짜와서 보여주었다. 결국 그는 MBC 〈무한도전〉에서 '안 웃기는 개그맨'이라는 재미난 콘셉트로 시청자를 즐겁게 해주는 방송인이 됐다.

사업에 실패하고 주저앉아 있을 때, 개그맨 동료나 선후배들은 끊임없이 방송으로 복귀하라는 제안을 했다. 지금 생각해도 참 고마운 일이다. 사업에는 재능이 없는 것 같다는 말이 아프기도 했지만 형돈이처럼 꿋꿋하게 버티다 보니 벌집삼겹살 대표가 되었다. 개그맨 지망생 시절, 형돈이가 못 웃긴다는 우리의 구박에 상심하고 주저앉았다면 오늘날 무한도전의 '도니'를 볼 수 있었을까.

사람 부자 되기 45

포도주는 오래될수록 맛과 향이 깊다고 했으며, 사람도 구관이 명관이라는 말이 있다. 내가 상대방을 사랑하고 위했던 마음만큼은 시간이 지나도 나와 상대방에게 아름다운 선물이자 큰 힘이다. 총칼을 겨누고 사는 삶은 불행하다. 서로 정을 나누고 관계를 유지하는 마음가짐 자체가 삶의 큰 축복일 것이다.

사람을 저축하다

아직 성공이라는 말을 붙이기엔 부족함이 많지만 누군가 내 성공의 비밀을 물어온다면 나는 주저없이 '사람과의 사귐'이라고 말할 것이다.

사회에 나와 보니 사람을 사귀는 일이 어렵게 느껴진다는 사람들이 많았다. 나는 공부보다 더 쉬운 것이 사람과 만나고 사귀는 일이었다. 감기로 동네 병원을 찾아도 옆자리에 앉은 사람에게 내가 먼저 말을 건다. 병원에 온 이유나 사는 동네, 직업까지 많은 대화가 오고간다. 그러다 어떤 병에는 어느 병원의 의사가 용하다는 등의 가벼운 의학 정보를 나누기도 한다. 이처럼 겨우 10분 정도의 잡담이 제법 유익한 정보가 오가는 알찬 대화로 발전할 수 있다.

내 지인 중 유독 낯을 많이 가리는 C 씨는 처음 보는 사람들과 친해지는 것이 너무 어렵다고 토로해온 적이 있다. 나는 어렵게 생각하지 말고 일단 "안녕하세요."라는 인사로 시작하라고 조언해주었다. 별다를 게 없는 것 같지만 내가 말하는 "안녕하세요."에는 한 가지 특별한 소스가 들어간다. 바로 진심이다. 겨우 다섯 글자 안에, 그것도 일상적으로 누구나 쓰는 인사말에 얼마나 많은 진심을 담을 수 있겠는가 의아하겠지만 결코 그렇지 않다.

"안녕하세요? 요즘 어떻게 지내세요……."

"안녕하세요? 최근에 안 좋은 소식을 들었는데 상심이 크시죠?"

"안녕하세요? 얼마 전에 결혼하셨다면서요, 정말 축하합니다!"

겨우 다섯 글자이지만 안부, 위로, 축하 등 참 많은 마음을 담을 수 있으니 얼마나 경제적인 인사법인가. 진심을 담은 인사를 나눈 다음에 대화는 물 흐르듯 자연스럽게 흐르기 마련이니 크게 걱정할 것은 없다. 만일 그 다음에 대화가 끊기더라도 다음 번에는 그보다 더 길게 대화할 수 있을 것이다.

상대방을 대하는 내 마음이 진짜라는 사실을 전해주는 것이 바로 진심이다. 진심을 주고받는 때는 화려한 말솜씨나 멋진 옷차림도 필요없다. 그저 상대와 내가 서로 친구가 되고 친구관계가 깨어지지 않도록 잘 관리하면 된다. 나는 이같은 사람 저축이야말로 돈을 저축해 목돈을 만드는 일과 비교할 수 없을 만큼 값지다고 생각한다. 진심으로 사람을 저축하면 이자에 이자가 붙어 많은 사람으로 되돌아온다.

한 가지 더 팁을 준다면 사람을 만나기 전후에 반드시 그 사람의 배경을 공부하는 것이 도움이 된다. 그 사람의 직업이나 취미, 기호 등을 알아두면 대화를 나누는 데 한결 도움이 된다. 정부 관료를 만날 때는 일하고 있는 부서에 대한 이해를 하고 만난다. 의사나 변호사와 같은 전문직 종사자라면 최근 관심 있게 본 뉴스나 상식 등을 살핀 후 만나면 훨씬 자신감 있게 대화의 물꼬를 틀 수 있을 것이다.

사람 부자 되기 46

사람에 대한 투자는 값진 것이며, 나의 사고와 행동 반경을 넓혀준다. 사람보다 좋은 삶의 자양분이 또 어디 있겠는가. 모든 사람의 마음은 다 똑같고 통하게 되어있다. 순수한 어린아이 같은 마음으로 상대방을 배려하며 진심으로 대하라. 그것이 사람 만들기의 기본 자세이다.

진심으로 헤어지는 법

사람과 사람의 사귐에 진실한 마음만 있다면 헤어지는 일도 겁낼 필요가 없다. 유행가 가사 중에 '웃으며 안녕'이라는 노래 제목이 있다. 헤어지는 마당에 웃기까지 한다면 아마 미친놈 소리를 듣고도 남을 것이다. 웃으면서 헤어지는 일이 그만큼 쉽지 않다는 뜻이다. 한이불 덮고 자던 부부가 헤어지면 남보다 못한 사이가 된다.

다행히 요즘 젊은 친구들은 부부로 지냈다가 쿨하게 헤어진 후 좋은 친구로도 지낸다. 헤어져 원수가 되는 것보다 친구로 남는 것이 이혼의 상실감을 덜어주기도 하고 좋은 배우자는 아니어도 좋은 친구는 될 수 있어 사람을 잃지 않으니 괜찮은 방법 같다.

사람과 부득이하게 헤어지게 되는 일이 생기더라도 적이 되어 돌아서는 일은 피하는 것이 좋다. 언제나 뒤통수를 조심해야 한다는 강박

관념에 사로잡혀 평생을 발 뻗고 못 잘지도 모르지 않는가. 나는 적이 많아지는 것은 내 앞길을 막을 사람이 많아진다는 뜻이라고 해석하고 싶다. 결국 잘 헤어지는 사람이 뭘 해도 성공한다는 뜻이다.

나는 에둘러 모호하게 표현하는 것을 별로 좋아하지 않는다. 표현은 부드럽지만 내용은 꽤 직선적이며 좋고 싫음을 분명히 하는 것이 좋다. 정공법을 애용하는 탓에 간혹 오해를 사기도 하지만 맺고 끊음이 분명하면 뒤탈은 없다.

한창 갈갈이 삼형제로 활동할 때, 사업가로 전업할 결심을 굳힌 내 생각이 우연히 기사화된 적이 있었다. 당시 내 소속사 사장이었던 박승대 선배가 그 기사를 보고 노발대발했다. 소속된 개그맨이 본업에 충실하지 못하고 곧 개그맨을 그만두고 사업을 할 것이라는 얘기가 사장 귀에 좋게 들렸을 리 없었다. 화가 난 박 선배는 나에게 심한 배신감을 느꼈던 것 같다. 주변 동료들은 하루 빨리 박 선배에게 사과하고 그런 일은 절대 없을 것이라고 사태를 수습하라고 권했다. 하지만 나는 내 속마음을 속이는 일은 하고 싶지 않았다. 실제로 조만간 개그맨을 그만두고 사업을 시작해 새로운 인생에 도전해보고 싶었던 것이 사실이었기 때문이다.

오래 생각한 끝에 나는 개그맨을 그만두기로 결심하고 박 선배를 찾아갔다.

"제가 개그맨으로 지금까지 활동할 수 있었던 것은 형님이 대학로로 이끌어주셨기 때문입니다. 형님 덕분에 개그를 제대로 배우고 방송도 해볼 만큼 해봤습니다. 진심으로 감사하게 생각합니다."라고 말한 뒤 큰절을 하고 나왔다.

다행히 내 진심을 받아들인 박 선배도 나에 대한 노여움을 풀고 새로운 길을 가겠다는 후배를 진심으로 응원해주었다. 지금도 박 선배와는 가끔 안부도 주고받으며 개그계 선후배로 잘 지내고 있다.

잘 헤어지는 것만큼 어려운 것이 나를 배신한 사람에 대한 처신이다. 마음이 모질지 못한 나는 종종 나를 곤란에 빠뜨린 사람들과 맞닥뜨릴 때가 생긴다.

초등학교 시절 친한 친구가 우리집에 놀러온 적이 있었다. 당시 나는 보이스카우트의 임원을 맡고 있어 회비를 관리하고 있었는데 잠시 방을 비운 사이 책상 서랍에 넣어두었던 공금이 없어지고 말았다. 앞뒤 정황을 아무리 따져봐도 그 돈을 가져간 사람은 그날 유일하게 내 방에 들어왔던 그 친구밖에 없었다. 결정적으로 안방에 계셨던 할머니가 밖으로 나오면서 그 광경을 목격한 것이다.

당시 내가 잃어버린 공금은 30만 원이었다. 초등학생인 내게는 엄청나게 큰돈이었다. 결국 한참 동안 속앓이를 하던 내가 그 친구에게 따져 물었고 뜻밖에 그 친구는 맥없이 실토하고 말았다. 나는 너무 화가 나서 견딜 수가 없었다. 그 돈을 잃어버리면 가장 친한 친구였던 내가 곤경에 처할 것을 뻔히 알면서도 공금을 훔쳤다는 사실을 용서할 수 없었다. 홧김에 친구와 뒤엉켜 한바탕 싸우고 돌아서면서 그 친구에게 이렇게 소리쳤다.

"그 돈으로 오락실 가지 말고 엄마 아빠랑 맛있는 거 사먹어라!"

그런 내 사정을 알게 된 아버지가 어느 날 나를 불러 30만 원을 건네며 학교에 내고 오라고 말씀하셨다. 그때 아버지가 해준 말씀이 아직도 기억에 남는다.

"친구가 돈을 훔쳐간 것은 네가 막을 수 있는 일이 아니다. 아무리 화를 내도 소용없으니 이 돈을 학교에 내고 깨끗이 잊어버려라. 사람은 누구나 실수를 할 수 있다."

사람은 실수할 수 있다는 아버지의 말에 친구에 대한 분한 마음이 조금씩 녹기 시작했다. 어린 마음에도 언젠가 나도 실수를 하게 되면 누군가로부터 용서받을 수 있도록 여지를 만들고 싶었던 것 같다. 그 덕분에 나는 그 친구와 절교하지 않고 아직까지 만나고 있다.

고등학교 2학년 때 보이스카우트 해외연수 프로그램에 참여하면서 일본을 방문할 기회가 생겼다. 당시 보이스카우트 대한민국 총연맹회장을 맡은 나는 일본으로 출발하기 전에 많은 사람 앞에서 대표선서를 하기로 되어 있었다. 그런데 너무 긴장한 나머지 그만 구령을 틀리고 말았다. 그때 다른 학교의 인솔교사가 갑자기 내게 달려와 난데없이 따귀를 때리는 것이었다. 중요한 행사에서 구령을 틀릴 만큼 정신자세가 흐트러졌다는 게 이유였다. 순간 그 광경을 지켜보던 수많은 전국의 보이스카우트 학생들과 교사들의 시선이 일제히 나에게 쏠렸다.

잠시 창피하고 억울한 감정을 추스린 나는, 뒤돌아서서 "죄송합니다! 제가 너무 긴장했나 봅니다. 다시 해보겠습니다."라고 큰소리로 외쳤다. 내가 뜻밖에 씩씩한 모습을 보이자 가장 당황한 사람은 순간적으로 내 뺨을 때린 선생님이었다. 당황한 듯 얼굴이 붉어진 그는 일본 여행하는 2주일 동안 내게 "정말 미안하다."라며 정식으로 사과를 했다. 비록 학생들 앞에서 망신을 당하긴 했지만 나를 때린 교사의 사과가 큰 위로가 되었다. 지금까지 그 선생님과는 안부도 전하며 인생의 스승으로 모시는 사이로 지내고 있다.

솔직히 내 책상 서랍에서 공금을 훔쳐간 친구나 많은 사람 앞에서 작은 실수에 뺨까지 후려친 선생님이 나라고 좋았겠는가. 할 수만 있다면 내가 당한 것보다 더 세게 뒤통수를 때리고 싶은 마음이 없었다면 거짓말이다. 하지만 나는 사람과 사람의 관계는 완벽한 'give & take'로만 유지될 수 없다는 것을 살면서 알게 되었다.

내가 하나를 주면 상대도 똑같은 분량과 크기의 것을 나에게 주는 일은 불가능하다. 어느 편이든 한쪽이 더 이익을 보거나 손해를 볼 수밖에 없다. 왜냐하면 사람의 마음이 측정 불가능하기 때문이다. 그러니 나를 배신했다고 '눈에는 눈 이에는 이' 처럼 동급의 복수를 하는 것만큼 바보 같은 일은 없는 것이다.

그래서 나는 나를 곤경에 빠뜨리거나 사업이 어려울 때 동업자가 연락이 되지 않더라도 후에 인연을 끊거나 절교하지 않는 쪽을 선택하기로 했다. 대신 언젠가는 나에게 사과할 기회를 주기로 한 것이다. 그럼에도 불구하고 상대가 내 진심을 몰라주고 같은 실수를 계속한다면 그냥 비즈니스 관계라고 생각하면 된다. 함께 밥은 먹되 술은 먹지 않는 관계라고 하면 맞을까. 도움이 필요하면 도움을 주지만 그도 나를 도와줄 것이라는 기대는 하지 않는 쿨한 관계 말이다.

사람 부자 되기 47

나를 곤경에 빠트리거나 배신하는 사람이 있어도 인연을 끊거나 절교하지 말라. 대신 언젠가는 나에게 사과할 기회를 주자. 누군가를 미워한다는 것은 다른 어떤 것보다도 에너지 소모가 크다. 그럼에도 불구하고 상대가 내 진심을 몰라주고 같은 실수를 계속한다면 그냥 비즈니스관계라고 생각하라.

머릿속에 떠오르는 사람이 돼라

내 취미는 신문스크랩이다. 공부에는 별 취미가 없었던 내가 학교 공부보다 더 신나게 했던 것이 바로 신문을 오려 공책에 붙이는 것이 었다. 사설을 많이 읽으면 입시공부에 도움이 된다는 말에 주요 일간 지의 사설을 예쁘게 오려 사설노트를 만들거나 좋아하는 연예인 기 사도 빼놓지 않고 오려 보관해두기도 했다. 그렇게 스크랩을 해두면 적어도 내가 좋아하는 스타에 대해 속속들이 아는 것 같은 기분이 들 었다.

신문스크랩 덕분에 시사에 관심이 많았던 나는 개그맨 시험을 앞두 고도 스크랩 효과를 톡톡히 보았다. 개그맨 시험을 앞두고 나는 보름 치 일간지와 각종 스포츠신문을 모조리 사서 스크랩을 시작했다. 우 선 벽에 몇 개의 못을 박아 놓고 당시 가장 이슈가 되는 기사를 분야별로 오려 못에 꽂았다.

지금도 기억나는 몇 가지 이슈 중 갈릴레오 갈릴레이가 정말로 재판장을 빠져나오면서 "그래도 지구는 돈다."라고 얘기를 했는가 하지 않았는가에 대한 사설기사이다. 영화 〈원초적 본능〉으로 인기를 끌었던 샤론 스톤이 우리나라 상업광고에 처음 등장하던 때도 그 무렵이었고, 오렌지족이나 신고려장에 대한 사설도 주요 기사거리로 등장했다. 나는 못에 걸려있는 분야별의 기사로 개그를 짰고 2차, 3차 시험을 치러 당당히 합격했다.

심지어 나는 군대에서도 스크랩 덕분에 돈을 벌기도 했다. 정훈병으로 근무하던 나는 신문을 볼 수 있는 시간이 많았다. 이제는 정치, 경제, 사회, 문화 등 분야를 넓혀 업그레이드된 스크랩을 시작했다. 특히 군인의 신분에 맞게 군 관련 기사가 나오면 정성껏 스크랩해 정훈장교가 사령관에게 업무보고를 할 때 참고하도록 건넸다.

보고 내용이 마음에 든 사령관이 정훈장교를 칭찬하자 내 스크랩 솜씨가 좋다는 소문이 인근 부대까지 퍼지게 되었고, 다른 부대 정훈장교들로부터 군 관련 기사를 스크랩해달라는 요청이 들어오기 시작했다. 덕분에 군복무 동안 복사비조로 받은 스크랩 비용을 차곡차곡 모을 수 있었다. 제대할 때쯤 순금 두 냥 값이 만들어져 전역기념으로 아버지께 순금 목걸이를 걸어드리기도 했다.

처음부터 신문스크랩으로 돈을 벌거나 개그맨 시험에 합격하겠다는 욕심이 있었다면 그렇게 재미를 느끼지 못했을 것이고 열심히 하지 못했을 것이다. 관심 있는 기사를 모아 오려 붙이는 일이 재미있었고 우연히 개그맨 시험과 용돈벌이로 연결되었을 뿐이다.

허투루 보낼 수 있는 시간을 유용하게 활용하면 사람들 머릿속에 깊은 인상을 남기게 된다. 개그맨 시험이나 군대시절 신문스크랩으로 용돈을 벌 수 있었던 것도 모두 나를 인상적으로 기억한 사람들이 다시 나를 찾았기 때문이다. 재미있게 할 수 있는 일을 열심히 하다 보면 누군가에게 깊은 인상을 남기게 되고, 그 깊은 인상은 나를 다시 찾게 만들어 어떤 생산적인 일로 연결시켜 준다.

공무원 출신이었던 아버지는 장남인 내가 여느 자식들처럼 안정적인 직장을 잡아 굴곡 없이 평탄하게 살기를 바라셨다. 아버지 바람대로라면 나는 아버지처럼 월급이 제때 나오고 직장에서 해고될 일이 없는 공무원이 되어야 했다. 하지만 애초부터 그쪽엔 흥미도 없던 내가 갑자기 연예인이 되겠다고 했으니 노발대발하신 것도 당연했다.

결국 나는 부모님의 반대를 무릅쓰고 개그맨이 되었다. 어렵게 잡은 기회였던 만큼 부모님께 당당하게 성공하는 모습을 보여드리고 싶었다. 하지만 좀처럼 기회가 주어지지 않았다. 배역 없는 시간이 하루하루 쌓여갔고 나는 초조해졌다. 동기들이 하나 둘 자기 살 길을 찾아 떠나느라 들썩거렸지만 나는 방법이 없었다. 개그맨이 되었으니 개그맨으로 뭔가를 보여주기 전에는 방송국을 떠날 수 없었다.

게다가 내가 개그맨으로 데뷔하던 그해 우리에겐 인턴 개그맨제도가 있었다. 불행인지 다행인지 우리 기수에만 적용되고 폐지된 제도였는데, 말 그대로 개그맨으로 6개월 가량 고용하고 재미없으면 더 이상 개그맨으로 고용하지 않겠다는 일종의 서바이벌제도였다. 이미 공채에 합격해 이름이 알려졌는데 거기서 잘리면 웃기지 못하는 개그맨으로 낙인 찍혀 개그계를 떠나야 했다. 우리는 그 제도 때문에 서로가 물고 물리는 약육강식의 비정한 현실에 내몰렸다.

그때 내가 가장 열심히 했던 것은 정시 방송국 출근이었다. 정시 등교, 정시 출근이라면 내가 그 방면에 전문가였다. 초등학교 3학년 때 학교에서 심하게 고열을 앓아 조퇴한 적이 있는데, 학교에서 내가 조퇴를 했다는 연락을 받고 집으로 달려오신 아버지가 수업 끝나면 집으로 돌아오라며 나를 도로 학교로 데려다 준 적이 있었다. 죽어도 학교만큼은 가야 한다는 강박관념은 중학교 때 진로문제로 이어져 아버지와 심하게 다툰 후 3일 가출을 시도할 때도 마찬가지였다. 비록 가출은 했지만 집에는 들어가지 않아도 학교에는 일찍 등교했던 웃지 못할 기억도 있다.

나는 동기들 중에서 가장 먼저 방송국에 출근했다. 마땅히 할 일이 없었지만 아침 9시면 어김없이 개그맨실에 출근해 청소도 하고 선배들 심부름도 했다. 나처럼 배역을 따내지 못한 개그맨들과 머리를 맞대고 언젠가는 잡을 무대를 대비해 아이디어도 짜고 연습도 했다. 보여줄 곳은 없었지만 누구보다 열심이었다. 그러다 방송에 나갈 희망이 보이지 않자 남은 동기들마저 하나 둘 방송국에 나타나지 않았다. 밥벌이라도 하겠다며 아르바이트거리를 찾아 나서거나 아예 전업을 선언하고 방송국을 박차고 나가기도 했다.

개그맨이 되어보니 재능을 견줄 수 없을 만큼 뛰어난 친구들이 주변에 수두룩했다. 그에 비하면 내 재능은 아무것도 아니라는 생각이 들었다. 결국 내가 보여줄 수 있는 것은 언제나 그 자리에 있는 성실한 개그맨이 되는 길밖에 없었다. 모두 다른 일을 찾았지만 그것 빼면

하고 싶은 일이 없었던 나는 출근시간을 1시간 당겨 8시까지 개그맨실에 도착했다. 놀아도 방송국에서 놀겠다는 생각이었다.

그러던 어느 겨울 날, 그날따라 서울 전 지역의 교통이 마비될 만큼 폭설이 내렸다. 도로가 주차장처럼 꽉 막혀 차가 좀처럼 앞으로 나가지 못하고 있었다. 한 시간이 지나도 버스는 제자리에서 떠날 줄 몰랐다. 나는 차에서 내려 등촌동이던 집에서 여의도까지 뛰기 시작했다. 학창시절 태권도와 수영선수로 활동했던 나에게 눈밭에서 한 시간쯤 달리는 일은 누워서 떡 먹기보다 쉬웠다. 가까스로 출근시간에 맞춰 방송국에 도착할 수 있었다. 당연히 개그맨실에는 아무도 도착해 있지 않았다. 하지만 어디선가 이런 내 모습을 지켜본 사람이 있었다.

당시 〈유머 1번지〉라는 코미디프로그램을 맡고 있던 김웅래 PD였다. 그는 최종면접에서 나를 개그맨으로 뽑아준 사람이지만 정작 개그맨이 되고 나서는 얼굴을 자주 볼 수 없었다. 가끔 개그맨실에 들어왔다 쓰윽 둘러보고 나가는 게 전부였다. 그날도 김웅래 PD는 혼자 개그맨실을 지키고 있는 내게 불쑥 말을 걸었다.

"오늘도 너 혼자냐?"

"네, 오셨어요……."

"눈도 이렇게 오는데 뭐하러 왔어? 그냥 하루 쉬지. 너 나가는 프로그램도 없잖아."

"그래도 출근은 해야죠……."

"그래, 있다가 가라."

내가 뒷머리를 긁적이며 대답하면 그는 몇 분 더 시시껄렁한 말을 건네다 돌아가곤 했다. 그러던 어느 날 〈유머 1번지〉에서 급하게 배역이 하나 필요하다는 소식이 전해졌다. 그 소리에 일제히 신인개그맨들은 눈빛을 반짝이며 누구에게 그 배역이 돌아갈 것인지 촉각을 곤두세웠다. 그런데 2년 선배와 내가 물망에 올랐다는 반가운 소식이 날아들었다. 드디어 기회가 눈앞에 찾아왔지만 상대는 나보다 선배였다. 어느 모로 보나 불리한 쪽은 나였다. 그런데 갑자기 조연출이 내 이름을 부르며 김웅래 PD가 데리고 오라고 했다며 빨리 가보라고 하는 것이었다.

그냥 개그맨실을 들여다본 것이라고 여겼던 김웅래 PD가 사실은 신인개그맨들의 성실도를 체크하기 위해 그랬다는 것을 나중에 알게 되었다. 평소 내 성실함을 눈여겨 본 김웅래 PD가 배역이 필요하자 나를 가장 먼저 떠올린 것이었다. 게다가 맡게 된 배역은 제법 비중 있는 것으로 대사도 많았다. 신인이었던 나에게는 꿈도 못 꿀 배역이 찾아온 것이다.

그래서 나는 반짝반짝 빛나는 재능보다 우직한 성실함이 사람들 가슴 속에 오래 남는다는 것을 알게 되었다. 연예인의 세계는 끼와 재능으로 똘똘 뭉쳐진 사람들의 집합소다. 어지간한 것을 가지고는 명함조차 내밀기 어려울 만큼 재능이 뛰어난 사람들이 많다. 그 사이에서 많은 연예인들이 피고 지기를 반복한다. 그럼에도 내가 무명생활을 이기고 인기 개그맨이 될 수 있었던 것은 성실함이 나를 빛내주어 사람들이 나를 알아봐주었기 때문이라고 생각한다.

사람 부자 되기 48

미래는 일하는 사람의 것이다. 권력과 명예도 일하는 사람에게 주어진다. 일을 사랑하는 사람, 일에 책임감을 가지는 사람을 우리는 늘 기억하기 때문이다. 만일 성공하는 부자가 되고 싶다면 가장 먼저 일을 사랑하면 된다.

실패를 프로파일링하다

나는 개그맨이 되고 나면 모든 일들이 한꺼번에 해결될 줄 알았다. 매일 방송에 나가서 사람들을 웃길 수 있을 줄 알았다. 내가 가진 재능으로 세상 모든 사람들을 휘어잡을 줄 알았다.

하지만 개그맨이 되었지만 달라진 것은 아무것도 없었다. 오히려 내 수입은 줄었고 배역마저 잡기 어려웠다.

이름만 거창하게 개그맨이었지 나는 실업자나 다름없었다. 레크리에이션에 사회자로 나가는 일도 중단되었다. 언제 방송국에 불려나갈지 모르는 5분 대기조였기 때문이다. PD들 눈치만 보다 하루가 가고 한 달이 갔다. 아무리 발버둥을 쳐도 우리를 알아주는 곳은 한 곳도 없었다.

그때는 그 시간이 허망하게 느껴졌지만 지금은 그렇지 않다는 것을 알게 되었다. 인생은 짧지만 그 안에는 사뭇 긴 시간이 들어있다. 천천히 내공을 쌓고 경험을 축적할 만큼 충분한 시간 말이다. 그러니 급하게 서두를 필요가 없다. 5년 간 긴 무명시절을 보내면서 나의 재능과 끼를 시련에 단련할 수 있도록 내공을 쌓아왔고 이러한 내공들이 나를 인기 개그맨으로 성장하게 했다.

한때 KBS 〈개그콘서트〉는 40%라는 경이적인 시청률을 기록한 적이 있다. 대학로에서 나를 비롯해 박준형, 정종철, 김기수, 이정수, 정형돈, 김인석, 권진영, 김다래 등 개그맨들의 피나는 실패의 시간들이 쌓여 이룬 것이었다. 날마다 새로운 아이디어를 위해 밤을 낮처럼 보내고 무대 위에 오르기 전까지 세수도 못한 채 오로지 웃기기 위해 세상의 모든 방법을 고심하는 우리의 모습이 어떤 박사나 연구원보다 진지하고 치열했다.

처음 대학로에서 공연을 시작했을 때 일이다. 모든 열정과 에너지를 쏟아 부었지만 좀처럼 관객이 늘지 않았다. 어느 날은 유료관객이 겨우 세 명뿐인 적도 있었다. 그것도 출연자들의 친구나 지인, 친척들이었다.

그런데 다음 코너를 위해 조명이 껐다 켜보니 두 명마저 객석을 나가 버리고 말았다. 우리는 덩그러니 남은 한 명의 유료관객을 두고 공연을 하려니 맥이 쭉 빠졌다. 공연을 멈추고 잠시 의논을 한 우리는 남은 한 명의 유료관객에게 정중히 사정을 설명했다.

"저……, 보시다시피 오늘 관객이 손님 한 분뿐이라 도저히 공연을 이어갈 수 없을 것 같습니다. 죄송하지만 티켓을 환불해 드릴테니 다음 기회에 찾아주시면 감사하겠습니다."

관객이 없어 공연을 계속할 수 없게 된 우리는 초라해졌고 절망했다. 그런데 정중히 사죄의 뜻을 밝힌 우리에게 그 관객은 괜찮다며 오히려 우리를 다독이는 것이었다. 그리고 인근 주점에서 술을 한 잔 사도 되겠냐고 청하기까지 했다.

알고 보니 그분은 대학로의 터주대감으로 불리는 사람이었다. 대학로 무대에 오르는 공연은 빠짐없이 챙겨보는 공연마니아였다. 한마디로 대학로 공연의 산증인이었던 것이다. 술이 거나해지자 그분은 우리의 공연을 평하면서 이렇게 말했다.

"이 바닥은 버티는 사람이 성공하는 거야."

실력도 중요하지만 인내와 끈기만이 이 험난한 바닥에서 살아남는 방법이라는 말이었다. 그 말은 재능이 부족한 것은 아닌지 절망했던 우리에게 더없는 용기가 되었다. 그리고 그분의 이야기가 정답이라는 것을 증명해 보이고 말았다.

얼마 후 우리는 1년 365일 쉬지 않고 공연을 하는 대학로 개그공연팀이 되었다. 지쳐 쓰러지지 않는 능력만이 대학로에서 살아남을 수 있는 힘이라 믿고 목숨 걸고 버틴 결과였다. 그렇게 5년을 단 하루도 쉬지 않고 달린 우리는 남들 쉬는 날엔 더 열심히 공연에 매달렸다. 어느 토요일엔 하루에 세 번씩이나 무대에 오르기도 했고 심지어 명절에는 하루에만 여섯 번 무대에 오른 적도 있다. 하다못해 영화를 상영하는 극장도 하루에 여섯 번 상영은 하지 않았지만 우리는 라이브로 여섯 번이나 개그공연을 한 것이다.

몸이 밑천이었고 성실이 재산이었다. 마지막 공연 때는 목소리도 제대로 나오지 않았다. 그렇게 5년을 매일 하다 보니 서서히 입소문이나기 시작했다. 실력도 늘고 관객도 늘었다. 그리고 어느 날인가는 당시 최고의 주가를 올리던 컬투가 공연을 보러 왔다. 공연을 마치자 재미있다며 손가락을 치켜드는 그들 때문에 하루가 행복했다. 그러다 방송국 PD가 우리를 보러 왔고, 우리처럼 되고 싶다며 개그지망생들이 몰려들었다. 결국 우리는 차갑고 혹독한 대학로 무대에서 최고의 개그공연을 하는 팀이 되었고, 방송에서도 그 인기는 고스란히 이어졌다.

실패가 잦아지면 가장 먼저 찾아오는 것이 포기다. 포기가 용기보다 쉽기 때문이다. 그런데 생각을 바꾸면 포기보다 용기가 더 잇속 남는 장사다. 포기하면 손에 남는 게 없지만 용기를 내면 성공을 거머쥘 수 있기 때문이다.

나에게 성공이란 끊임없이 사람에 투자하는 것을 의미한다. 사업을 하면서 세운 내 첫 번째 원칙은 사람이다. 성공보다 먼저 사람을 알고 싶었고 많은 사람을 만나고 싶었다. 그런데 내가 실패를 한 것은 사람에 대한 투자를 게을리했기 때문이었다. 벌집삼겹살이 성공했던 것 역시 사람에게 투자했기 때문이다. 만약 내가 실패의 시간을 견디지 못했다면 이처럼 다디단 성공의 열매를 손에 쥘 수 있었을까. 지나온 실패의 시간은 열매를 얻기 위해 부지런히 밭을 갈고 땅을 일구는 시간이었던 것 같다.

사람에 투자하면 복리로 성공한다. 2, 4, 6, 8, 10이 아니라 2, 4, 8, 16, 32로 성공한다. 초반에는 비슷해 보여도 어느 순간부턴 성장의 크기가 달라지고 성공의 양상이 바뀐다. 사람에게 투자하는 것이 처음에는 별일 아닌 듯 보여도 나중엔 결국 내게 도움이 되어 되돌아온다.

나는 앞으로 부지런히 성공도 하고 실패도 할 것이다. 그리고 실패의 기억도 성공의 기억도 잊지 않을 것이다. 성공은 스크랩하고 실패는 열심히 프로파일링해서 많은 것을 성공파일에 파일링하고 싶다.

사람 부자 되기 49

안철수연구소의 창업자인 안철수 교수는 실패한 사람이 곧 무능한 사람이 아니라 실패를 어떻게 처리하느냐에 따라 그 사회의 경쟁력이 결정된다고 했다. 미국의 실리콘밸리가는 100개 기업 중에 99개는 실패지만 실패한 사람에게 기회를 계속 주는 것이 바로 실리콘밸리의 힘이라고 강조한다.

아무도 만나지 않는 자, 유죄

〈슬럼독 밀리어네어〉라는 영화는 빈민가 출신의 한 소년이 거액의 상금이 걸린 퀴즈쇼에서 일등을 차지한다는 내용이다.

부자도 아니고 변변한 교육도 제대로 받지 못한 슬럼가 소년이 출제되는 문제마다 극적으로 정답을 맞출 수 있었던 것은 그가 살아온 경험 덕분이다. 매 순간 최선을 다한 삶의 과정 속에서 만났던 사람, 들었던 이야기, 찾아갔던 장소가 퀴즈쇼의 문제로 출제되었던 것이다.

처음에는 이 영화를 보면서 너무 꾸민 스토리라는 생각을 지울 수 없었다. 어떻게 퀴즈쇼 문제가 소년의 인생 가운데서 뽑은 내용만으로 출제가 된단 말인가. 아무리 영화지만 좀 심하다 싶기도 했다.

그런데 점점 억지스럽다고 느껴지던 소년의 삶에 눈길이 가기 시작했다. 매번 죽을 고비를 넘기면서 치열하게 살아온 소년에게 퀴즈쇼

일등은 열심히 산 것에 대한 선물처럼 느껴졌다. 누구나 열심히 살면 언젠가는 선물을 받기 마련인 것처럼 말이다. 결국 자신의 신세를 한탄하고 아무것도 하지 않으면 아무것도 얻을 수 없다는 이야기처럼 들렸다.

개그맨은 그만두었지만 여전히 연예계 동료나 선후배들과 어울릴 기회가 많다. 사회에 나와서 연예계를 바라보니 참 폐쇄된 사회 속에 사는 사람들이라는 생각이 들었다. 특히 젊은 후배들의 경우, 연예인이 아닌 사람들을 만나는 일을 귀찮아하거나 번거로워하는 경우가 많았다.

어쩌면 연예인은 직업상 외부에 노출되는 것이 득보다 실이 많은 사람들일지도 모른다. 편한 친구사이라도 남녀가 함께 밥만 먹어도 사귄다는 스캔들이 터지거나 술자리에서 시비가 붙어도 얼굴이 알려지니 연예인이 절대적으로 불리하다. 그러다 보니 일반인들이 있는 곳을 피하게 되고 서로 친한 사람들끼리, 혹은 집안에서 가족들과 어울리고 마는 경우가 많다.

하지만 그런 모습이 안타깝기만 하다. 한창 에너지가 넘치는 시기에 많은 사람을 만나 장·단점을 걸러 자신의 것으로 취하고 버리며 성장할 수 있는 때에, 아는 사람하고만 어울린다는 것은 손해나는 일이다.

유명한 드라마 작가 노희경 씨는 사랑하지 않는 자, 유죄라고 했다. 사랑에 상처받을 것을 걱정해서 아무도 사랑하지 않는다면 그것은 세상을 살아가는 사람으로서 직무유기라는 것이다. 어쩌면 사람을 만나는 일도 크게 다르지 않다는 생각이 든다.

상처받는 일이 두렵고 귀찮고 번거로워서 사람 만나는 일을 멀리한다면 늘 한 자리에 머물 수밖에 없을 것이다. 상처도 받고 배신 좀 당하면 어떤가. 그 과정을 겪어야 스스로가 더 나아질 수 있다면 나름대로 의미있는 일이 될 수도 있다.

어릴 적에는 함께 어울리는 것이 좋아 친구를 모았다. 만나서 뛰어놀며 스트레스를 풀었다. 개그맨이 되어서는 함께 일하고 성취하는 것이 신나서 사람들과 어울렸다.

공연을 함께 했던 동료들과는 설익은 꿈에 울고 웃으며 언젠가는 성공할 것이라는 포부를 나누기도 했다. 그리고 지금은 사람에게 배우기 위해 사람을 만나는 꿈을 꾼다. 사람들은 저마다 내가 가지지 않은 것을 하나씩 가지고 있으니 그들에게 한 가지씩만 배워도 난 많은 것을 가진 사람이 된다.

가끔 내가 계속 개그맨으로 살고 있었다면 어땠을까 떠올려 본다. 새로운 것에 도전해보고 싶은 마음을 품고 있었으니 결국 늦게라도 사업을 하고 싶어했을 것이다. 그때는 지금보다 시간이 훨씬 더 지나 있을 테니 도전과 성공을 위해 더 많은 시간과 노력과 돈이 필요할지도 모르겠다.

도전 대신에 용기를 내지 않는다면 편안할 수는 있다. 금전적, 정신적, 육체적 손해도 입지 않아도 될 것이다. 그 대신 언제나 제자리뛰기만 하는 신세를 면하기는 어려울 것이다. 발을 떼지 않으면 어디로도 갈 수 없고 뛰지 않으면 어떤 울타리도 넘을 수 없으니 평생 우물 안 개구리로 사는 수밖에 없다.

거기까지 생각이 미치자 역시 그때 개그맨을 그만두고 사업으로 방

향을 틀기 잘했다는 생각이 든다. 비록 실패는 있었지만 지금 시작하
는 것보다 더 생산적인 선택이었던 셈이다. 그러므로 후회는 없다.

사람 부자 되기 50

모든 사람은 나의 가장 좋은 스승이다. 내가 성장하는데 크고
작은 일들에 영향을 끼치기 때문이다. 많은 사람의 이야기에 귀
기울이면 우리의 인생이 깊어질 것이다.

내가 터득한 사람 부자의 비밀

18살 무렵, 나는 내 인생의 마스터플랜을 짜면서 그때부터 10년 동안 사람을 모으며 살겠다는 다짐을 했었다. 지금 내 삶을 되돌아보면 그때 장난삼아 끄적였던 내 인생의 밑그림이 신기하게도 차곡차곡 퍼즐조각처럼 맞춰져 가고 있다.

달라진 게 있다면 당시 내가 정한 수명은 85세였지만 지금 과학기술이라면 100살도 너끈히 살 수 있지 않을까 싶다. 그렇게 된다면 내 인생의 마스터플랜도 15년쯤 더 연장해야 할지도 모르겠다.

그동안 내가 만난 사람은 얼마나 될까. 어림수로도 헤아리기 어려울 만큼 많은 사람들과 만났다가 헤어졌던 것 같다. 지금 내 핸드폰에는 1,400명의 이름이 저장되어 있다. 적어도 3개월에 한 번은 안부를 주고받는 사람들이다. 그 외의 사람들은 컴퓨터에 따로 모아 관리한다.

사람이 많아지다 보니 일일이 챙기는 일이 전처럼 쉽지가 않다. 그래도 내가 사람들에게 꼭 하는 부탁은 잊지 않으려고 한다.

"좋을 땐 상관없지만 힘든 일이 생기면 꼭 연락하세요."

내가 주위 사람들에게 자주 하는 말이다. 몇 차례 사업으로 어려워졌을 때 나는 사람 덕분에 일어설 수 있었다. 그때 내 손을 잡아주었던 사람들의 체온을 아직도 생생하게 기억하고 있다. 그 손을 잡고 일어서는 순간, 내 손도 누군가에게 그렇게 기억되기를 바랐다.

그렇게 내 손을 잡은 누군가는 또 다른 어떤 이에게 자신의 손을 내밀 것이다. 손을 잡고 일어선 사람들이 다시 손을 내밀어 누군가를 잡아주는 것. 그것이 바로 내가 터득한 사람 부자의 비밀이다. 잡은 손과 손이 만나 성공도 이루는 법이다.

세상에 혼자서 성공할 수 있는 사람은 아무도 없을 것이다. 성공한 사람 곁에는 언제나 많은 참모들이 도움을 준다. 내가 하고 있는 사업도 나 혼자 북치고 장구쳐서 될 일은 하나도 없다. 그 자리에 꼭 맞는 사람이 들어와 맡은 일을 해주어야 한다. 만일 그 사람을 잃으면 결코 퍼즐판을 완성할 수 없다. 대표인 내가 할 일은 만나는 사람의 가능성을 발견해 그것에 과감하게 투자하는 것이다.

돈과 사람 중 하나를 택하라면 나는 주저 없이 사람을 택할 것이다. 돈은 열심히 일하면 가질 수 있지만 사람은 그렇지 않다. 사람을 가진 다음에는 돈을 가질 수 있지만 돈을 가진 후에 사람을 가지기는 어렵다. 그래서 나는 돈부자보다 사람 부자가 되고 싶다.

CEO를 꿈꾸는 나는 내 사업의 중심에 언제나 사람을 세운다. 세워진 사람들이 능동적으로 움직일 때 비로소 내가 진정한 CEO로 다시

태어날 수 있기 때문이다. 그래서 난 아직도 사람에 배고프다. 여전히
세상은 넓고 내가 만나야 할 사람들은 너무 많다.

사람 부자 되기 51

인생의 성공은 통장의 잔고가 아니라 나를 기억하는 이들의
숫자임을 명심하라. 쉬운 예로 당신의 휴대전화에 몇 사람이 저
장되어 있는가? 당신을 기억하는 사람은 얼마나 되는가? 또 나
는 어떤 사람으로 기억될 것인가를 생각해본 일 있는가?
진짜 성공은 사람 부자이다. 난 누구나 사람 부자가 될 수 있
다고 믿는다.

실전 가이드

아무도 알려주지 않는 외식 프랜차이즈 성공의 비밀 5

1. 대박 아이템을 찾아내는 법

프랜차이즈 창업으로 성공하고 싶다면 브랜드 인지도, 맛과 서비스 그리고 창업비용 등을 꼼꼼히 따져봐야 한다. 그중 프랜차이즈를 창업할 때 가장 중요한 것은 자신과 궁합이 잘 맞는 업종을 선택하는 것이다.

다소 시간이 걸리더라도 자신의 성격이나 적성에 맞고 꾸준히 잘 해낼 수 있는 업종을 선택한다면 절반은 성공한 셈이다. 사람에 따라 고기장사가 맞을 수도 있고 카페나 샌드위치 가게가 더 어울리는 사람이 있다. 어쩌면 외식사업과는 아예 적성이나 취향이 맞지 않고 차라리 월급쟁이 회사원이 딱 어울리는 사람도 있다.

중요한 것은 돈이 된다고 해서 적성과 맞지 않는 일에 무조건 덤벼드는 일은 금물이라는 것이다. 그것은 휘발유통을 껴안고 불길로 뛰어드는 것만큼 위험하다. 다소 시간이 걸리더라도 자신에게 맞는 일이 어떤 것인지 꼼꼼히 따져보고 신문, 방송, 인터넷, 사업설명회 등 다양한 채널로 정보를 수집해 자신과 어울리는 아이템을 선택하는 것이다.

빠르게 변하는 유행에 민감한 것도 나쁘지 않지만 무턱대고 유행에 휩쓸려가는 것은 바람직하지 않다. 프랜차이즈 창업을 꿈꾸는 예비창업자들에 빗대자면 누구나 대박집을 꿈꿀 수는 있지만 아무나 대박집 주인이 될 수 없다는 뜻이다.

흔히 음식장사는 만만하다고 생각하는 경향이 있다. 하지만 가장 실패하기 쉬운 것도 음식장사다. 하루에도 몇 천 개의 음식점이 문을 열었다 사라져간다. 잘되면 대박이지만 못 되면 쪽박차기 십상인 게 음식장사라는 뜻이다.

대다수의 음식장사가 해장국, 순댓국, 삼겹살 등 전통적인 업종에 눈길을 주는 이유는 그만큼 수요층이 탄탄하기 때문이다. 트렌드에 영향을 받지 않고 무엇보다 꾸준히 관리만 잘해도 기본적인 매출이 담보된다는 뜻이다. 특히 프랜차이즈 창업은 일시적으로 순탄하다가 급격히 시들해질 수 있으므로 유행을 좇기보다 미래를 내다보는 안목이 절대적으로 필요하다. 반면 유망한 업종이라도 당장 고객을 끌어들이지 못한다면 실패한 아이템 선택으로 간주할 수밖에 없다.

프랜차이즈를 선택할 때는 가능하다면 시장변화에 영향을 적게 받는 사업 아이템을 고르는 것이 바람직하다. 꾸준한 소비가 가능한 여성이나 젊은 층을 공략할 수 있는 아이템도 경기 여파와 상관없이 일단 안정된 선택이라고 할 수 있다.

무엇보다 성공하고 싶은 아이템을 찾고 싶다면 '죽어가는 아이템'은 고려대상에서 제외할 필요가 있다. 그 아이템이 향후 몇 년 동안 시장에서 경쟁력이 있는지 체크하라는 뜻이다. 장사는 1년 365일 꾸준히 매출이 발생해야 하는데 계절에 영향을 받는다면 매출에 타격이 클 수밖에 없다. 계절을 타지 않고 서민의 주머니를 열 수 있는 것을 선택하는 것이 중요하다.

아이템의 독창성도 잊지 말고 따져야 할 체크포인트! 삼겹살만 해도 한방 삼겹살을 비롯해 솔잎 삼겹살, 매콤한 통후추 삼겹살, 오징어 먹물 삼겹살, 낙지와 쭈꾸미 삼겹살, 해초 삼겹살, 된장박이 삼겹살, 바비큐 삼겹살, 토마토 삼겹살 등 그 수를 헤아리기 힘들 정도다.

이 많은 삼겹살 중에서 시장경쟁력을 가지려면 같은 삼겹살집이라도 고객이 꾸준히 기억하고 찾을 만한 특수한 아이템이라야 한다는 뜻이다. 반면 독창성을 가진 아이템이라고 해도 전문인력을 고용할 수밖에 없어 인건비 지출이 높거나 재료비 부담이 크다면, 과감하게 다른 아이템으로 눈을 돌려보는 것이 바람직하다.

솜씨 좋은 요리사가 음식메뉴를 개발해 맛집으로 성공하는 외식업과 외식 프랜차이즈로서 성공하는 메뉴는 엄밀히 다르다. 프랜차이즈로 성공할 수 있는 메뉴는 대부분 자극적이다. 달거나 매운 음식이 성공 가능성이 높다. 자극적인 맛은 사람들 기억 속에 오래 남고 다시 찾아오게 만들기 때문이다.

내가 벌집삼겹살을 시작하기 전에 동업자들과 전국 맛집 순례를 다닐 때의 일이다. 삼겹살 외에 지역마다 특색있는 별미집이 우리의 호기심을 자극했지만 삼겹살을 고집한 이유는 가장 대중적이고, 계절과 유행을 타지 않는 품목이기 때문이다. 음식 잘하는 한 사람을 위한 프랜차이즈는 존재하지 않는다는 점을 꼭 기억하자.

2. 믿을 만한 프랜차이즈 가려내는 법

외식 프랜차이즈뿐 아니라 창업의 가장 큰 매력은 안정성이다. 프랜차이즈 브랜드가 지속적이고 안정적인가를 따져볼 필요가 있다는 뜻이다. 사업을 처음 시작하려는 예비 가맹점주라면 믿을 만한 프랜차이즈 브랜드를 가려내는 것이 가장 절실한 문제다. 어떤 프랜차이즈 브랜드라도 최고의 매출을 보장한다는 화려한 문구를 내걸고 있기 때문이다.

튼튼한 본사를 가지고 있는 프랜차이즈를 만나지 못한다면 오랫동안 준비해온 창업이 물거품이 될 우려가 높다. 게다가 창업의 ABC도 모르는 이들에게는 좋은 상권을 분석하거나 유망한 아이템을 선별하는 일, 마케팅 전략 등은 모두 어려운 난제들이다. 이때 초보 창업자가 갖는 두려움을 덜어주고 일정한 수준의 품질을 보장받을 수 있게 해주는 것이 바로 프랜차이즈 창업이다.

프랜차이즈 창업의 성패는 본사의 연속성과 지속성에서 찾을 수 있다. 대부분의 프랜차이즈 본사는 가맹계약과 물류유통으로 수익을 얻는다. 바꿔 말하면 가맹계약을 맺은 후 수익을 얻고 나면 해당 가맹점에 대해 지속적인 관심을 기울이지 않는 경우도 발생할 수 있다는 뜻이다. 예비 가맹점주들이 가맹점의 사후관리에 대해 체계적인 시스템을 앞세운 본사를 찾아야 하는 이유가 바로 여기에 있다.

개인 창업과 달리 프랜차이즈 가맹점 창업은 투자비용이 더 많이 든다. 이는 본사가 가맹점을 대신해 고객들을 대상으로 지속적으로 마케팅이나 메뉴개발, 브랜드 관리 등을 담당하기 때문이다. 하지만 본사가 지속적으로 그런 업무를 해주지 못한다면 비싼 투자비용을 들여 가맹점 계약을 맺은 점포 입장에서는 손해일 수밖에 없다.

가능하다면 계약 전에 실제 운영되고 있는 매장을 방문하면 더욱 좋다. 현장에 가면 운영 상황 등을 직접 눈으로 확인할 수 있고 기존 창업자로부터 직접 조언을 들을 수도 있다. 또한 폐업한 점포가 있는지 알아보고 폐업할 경우 건물 보증금이나 권리금 등의 처리도 미리 확인해둬야 한다.

본사가 풍부한 성공 경험과 노하우를 가지고 있는지도 따져봐야 할 대목이다. 브랜드 파워가 결국 프랜차이즈 가맹점 매출에 직접적인 영향을 미치기 마련이다. 이미 많은 가맹점들이 성공했고 외식 및 가맹 사업을 성공적으로 이끌었던 경험을 가지고 있는 본사라면, 예비 가맹점주들이 신뢰할 수 있는 전제조건은 충족한 셈이다. 이런 본사라면 성공모델을 토대로 철저한 프로그램 안에서 가맹점을 관리할 수 있다. 또한 교육시스템, 물류, 유통시스템, 가맹점 지원시스템 등의 탄탄한 내적 인프라를 토대로 적극적인 브랜드 마케팅을 펼칠 수도 있다.

그를 위해서 가맹 본사의 재무 건전성이나 경영 전문성, 공동창업 운영 노하우 등을 꼼꼼히 따져볼 필요가 있다. 이때 공정거래위원회에 등록된 정보공개서를 살피면 도움이 된다. 프랜차이즈 가맹계약을 하기 전에는 반드시 정보공개서를 확인해야 한다. 가맹계약을 하고자 하는 예비 가맹점주라면 누구나 본사에 정보공개서를 요구할 수 있는데, 만일 정보공개서를 보지 못한 채 가맹계약을 체결했다면 경우에 따라 계약파기도 가능하다.

공정거래위원회에서 발부하는 정보공개서는 한마디로 프랜차이즈 본사의 소개서라고 보면 된다. 가맹본부의 재정상태, 가맹점의 평균 매출액, 임직원 수, 창업을 위해 소요되는 비용, 교육프로그램 등을 확인할 수 있다.

마지막으로 본사의 도덕성도 체크 항목에 속한다. 본사가 가맹점주들을 모아 계약을 체결한 뒤에 회사를 매각하거나 메뉴개발 시 다른 회사의 것을 임의도용한다면 이는 도덕성에 심각한 문제가 있는 회사로밖에 볼 수 없다. 사람과 사람 사이에 신의를 지켜서 이루어지는 거래로 이익을 얻는 것이 올바른 사업모델이라는 사실을 명심하자.

3. 손해 보지 않고 가맹계약하는 법

가맹본부와 상담할 때 예상 매출액 등을 제시하는 경우가 종종 있다. 이때 가맹본부는 그 근거자료를 비치해 두어야 한다. 가맹본부 직원의 현란한 말솜씨에 현혹되지 말고 정확한 근거를 반드시 확인하자.

프랜차이즈 가맹점 계약을 하기 위해서는 많은 자본이 투자된다. 그러나 투자자본을 회수하기도 전에 가맹계약이 해지되거나 종료된다면 막대한 손실을 보게 된다. 이에 대비하기 위해 계약기간은 얼마나 보장해 주는지, 갱신 거절 사유와 해지 사유 등을 반드시 체크한다. 간혹 영업지역 독점권을 주지 않는 본사들도 있으므로 정보공개서에 영업지역 보호제도가 있는지 확인하고 가맹계약서에 정확하게 영업지역에 대해 명시해야 한다. 창업자와 가맹본사와의 권리와 의무가 평등하게 규정돼 있는지, 이익 분배 방식, 물류공급에 관한 내용 등 기타 계약 조건도 꼼꼼히 읽어보고 확인해야 한다.

가맹사업법에 따라 가맹희망자는 정보공개서를 받은 후 14일의 숙

고기간을 가질 수 있다. 정보공개서를 받았다면 14일이 지난 후 가맹계약을 체결하거나 가맹본부에 가맹금을 지급하면 된다. 가맹본사가 아무런 이유 없이 숙고기간 이전에 계약체결을 종용하거나 가맹금 입금을 요구하는 경우가 있다면 계약을 재고해보는 것이 좋다. 예비 가맹점주가 이같은 절차를 모른 채 가맹금을 지급했더라도 계약체결 후 두 달 이내에만 가맹금 반환 요청을 하면 가맹금을 반환받을 수 있다.

매장 인테리어 공사는 보통 삼 주에서 한 달 가량 소요된다. 대부분 가맹본사의 매뉴얼대로 인테리어 공사가 진행되지만 얼마든지 가맹점주의 편의성을 요청할 수 있다. 인테리어 공사가 끝난 후에 가맹점주의 요구사항을 새롭게 추가하면 조정에 어려움이 따를 수밖에 없다. 점포의 입주 날짜를 맞추기 위해 무조건 속성으로 인테리어공사를 해결하려는 가맹점주의 태도 또한 위험하다.

정해진 시간이 촉박하면 공사는 부실해질 수밖에 없다. 하다못해 주방에 타일을 붙이더라도 하자가 발생할 우려가 있고 후에 책임소재를 가리는 상황에서 번거로운 일이 발생할 수도 있다. 따라서 하루라도 빨리 인테리어 공사를 마치는 것에 중점을 두지 말고 시간이 걸리더라도 가맹점주의 요구사항을 본사와 조율한 후에 인테리어 공사를 시작하는 것이 바람직하다.

가맹계약을 체결한 후 본사와 가맹점주 간에 빈번하게 발생하는 문제가 있다. 가맹점의 장사가 잘 될 경우 적지않은 가맹점주들은 재계약을 하지 않은 채 물량만 공급받아 장사를 하려는 욕심을 부린다. 계약 중이라도 본사로부터 재료를 공급받지 않고 저렴한 재료를 별도로 공급받아 장사를 하기도 한다. 하지만 이는 브랜드 파워를 간과한 채

멀리 보지 못하는 안일한 태도에서 비롯된 행동이다. 장사가 잘된다면 편법으로 운영비를 줄이기보다 매출을 더 극대화시켜 수익을 높이는 것이 훨씬 효과적이다.

4. 10억짜리 상권을 보는 법

가맹점주에게 상권은 매우 중요한 의미를 갖는다. 어떤 상권에 창업을 하느냐에 따라 창업성공의 성패가 갈린다고 해도 과언이 아니기 때문이다. 대부분의 예비 가맹점주들은 아이템 선정에 급급하느라 상권의 중요성을 놓치는 경우가 많다. 특히 프랜차이즈 가맹계약을 하는 경우 창업 자금의 60~70%가 점포비용에 들어가므로 무엇보다 입지선정에 신중을 기해야 한다. 상권만 제대로 고른다면 충분히 승산이 있다는 뜻이다.

창업을 꿈꾸는 사람들에겐 언제나 돈이 문제다. 자금은 부족한데 욕심이 크다. 더 좋은 자리에 더 큰 점포를 가지고 싶어하지만 가진 돈은 늘 부족하다. 그래서 창업을 꿈꾸는 사람에겐 만족할 만한 자금이라는 게 불가능하다. 1억 원의 자금을 가진 사람은 2억 원을 원하고, 2억 원이 생기면 다시 4억 원을 원하는 게 사람의 심리다.

하지만 점포를 고를 때는 자본금을 고려하는 것이 좋다. 철저하게 분수에 맞는 점포를 선택하는 것이 현명하다. 만일 점포 임대비용이 1억 원이라면 1억 원 이상의 점포는 처음부터 보지 않는 것이 좋다. 비단옷을 보면 무명옷은 절대 입을 수 없다는 사실을 명심하자.

매장은 사람의 얼굴과 같다. 매장은 작은데 입구가 큰 곳이 있는가 하면 입구는 작은데 안으로 들어가면 의외로 큰 실내를 가진 매장도 있다. 매장이 넓은 대신 한 가운데 큰 기둥이 세워져 있거나 가로나 세로로 긴 매장도 있다. 이런 경우 점포로서의 효율성이 떨어지는 것은 두말할 나위도 없다. 또한 매장이 위치한 상권을 정확히 분석하려면 유동인구와 연령층, 가족단위의 외식 성향, 오피스텔 밀집지역인지 주거공간인지 등을 토대로 복합적으로 판단해야 한다.

상권은 좋은데 가격이 비싼 매장이 있다고 치자. 이런 경우 장사가 잘되는 매장을 임대하고 싶은 것이 누구나의 바람일 것이다. 하지만 이런 경우 잘되는 매장 옆집에 조금 저렴한 매장을 임대하는 것이 오히려 현명한 방법이 되기도 한다. 이미 장사가 잘되고 있는 매장은 그럴 수밖에 없는 조건을 두루 갖춘 곳이다. 검증된 상권이라는 뜻이다. 같은 상권 안에 있다면 월세가 다소 저렴한 대박집 옆 매장을 임대하는 것이 더 바람직할 수도 있다.

상권은 크게 A, B, C로 나뉜다. 사람들 눈에 잘 띄고 접근성이 좋을수록 A급에 가까워진다. 대부분 1층은 품목에 관계없이 지하나 2, 3층보다 비싸다. 하지만 경우에 따라서 상권보다 더 중요한 것은 아이템이 되기도 한다. 어떤 아이템은 1층이 유리한 경우가 있고 1층보다 지하나 2, 3층이 더 유리한 것도 있다.

초기에 승부를 내고 싶다면 1층이 최상의 선택이 될 수 있겠지만 상대적으로 성취감은 다소 떨어질 수 있다. 평수가 정해져 있어 이익을 낼 수 있는 최고 매출도 한계가 정해져 있기 때문이다. 하지만 2층이나 지하라면 접근성이 떨어지는 대신 월세 부담도 적고 평수대비 훨씬 넓은 매장을 활용할 수 있다는 장점이 있다.

10억 원과 5억 원, 3억 원의 매출을 얻을 수 있는 상권이 있다면 누구나 10억 원의 매출이 나오는 상권에 들어가고 싶어할 것이다. 상권이 좋으면 당연히 고객이 많고 수익성도 높을 것으로 기대되기 때문이다.

10억 원짜리 상권에서 성공하려면 10억 원짜리 마인드가 필요하다. 10억 원짜리 상권에서 10억 원의 마인드를 가지지 못한 사람이 창업을 한다면, 그 점포는 10억 원짜리 점포로 만들 수 없다.

5. 성공하는 가맹점주 되는 법

가맹점주들 중에 자신의 장점을 잘 활용하는 사람은 장사를 잘해 매장이 번창한다. 반면 다른 사람의 장점을 따라가기 바쁜 가맹점주들은 언제나 뒤를 따라가기 바쁘다. 안 되는 사업도 되게 하는 사람이 있는가 하면 잘되는 사업도 한두 달 안에 말아먹는 사람도 있다. 결국 흥하고 망하는 것은 시작하는 사람이 얼마나 노력하고 연구하느냐에 달려있다.

연예인들도 마찬가지다. 자기 장점을 최대한 활용하는 사람들이 대중의 인기도 얻고 연예인으로도 성공한다. 그런데 문제는 그 장점이 변한다는 것이다. 잘하는 것은 빛나지만 그것이 오래가면 식상해진다. 숨어 있는 자기만의 또다른 장점을 찾아내 발전시킬 수 있어야 스타로 오래오래 정상에 설 수 있다.

목이 좋아 장사가 잘 되는 것은 겨우 3개월이다. 3개월이 지난 뒤부터 장사를 어떻게 하느냐에 성패가 달렸다. 특히 음식장사는 더 그렇다. 사람들은 맛있는 집으로 자연스럽게 발길이 가게 되어 있다. 그러기 위해서 가맹점주는 기다림에 익숙해져야 한다. 1년 만에 승부를 낼 수 있는 장사는 어디에도 없기 때문이다. 무엇보다 오래 장사를 하겠다는 생각으로 고객의 마음을 움직일 수 있는 묘안을 끊임없이 개발할 필요가 있다.

가게를 살아 숨 쉬게 하는 것은 직원들의 서비스 마인드와 분위기다. 직원의 센스 있는 말과 행동은 고객감동으로 이어지고 이는 매출에 직접적인 영향을 미친다. 이처럼 생동감 있게 매장이 운영되려면 가맹점주는 직원에 대해 세심한 관심을 기울일 필요가 있다. 시간제 근무자를 채용하더라도 짤막한 자기소개서는 받을 것을 권하고 싶다. 함께 일하는 직원의 집이 어디이고 어느 학교에 다니며 잘하는 것이 무엇이고 앞으로 어떤 일을 하고 싶어하는지 알고 있는 사장이 매장을 살아 숨 쉬게 한다.

아무리 음식이 맛있고 분위기가 좋아도 고객의 기분을 상하게 하면 매장에 부정적인 이미지를 가질 수밖에 없다. 매장을 운영하는 가맹점주들은 개그맨이 될 필요가 있다. 때로는 고객을 웃기기도 하고 울리기도 하는 연기가 필요하다. 그러기 위해서는 가맹점주의 에너지는 언제나 충분히 충전되어 있어야 한다. 가맹점주가 맥빠진 얼굴로 있으면 직원들의 에너지는 가맹점주의 80% 밖에 발휘되지 않는다고 보면 된다. 가맹점주의 에너지가 넘치면 직원들의 에너지도 넘친다.

오늘은 내가 힘드니 직원들이 더 열심히 해달라는 말은 별로 설득력이 없다. 가맹점주는 무대 위에 희극배우를 자처해야 장사를 할 수 있다.

대부분 가맹점 오픈하는 날은 일가친척이 모두 모이기 마련이다. 하지만 적어도 매장을 여는 첫 개업식만큼은 가족은 물론 친지나 친구들은 방문을 자제하는 것이 바람직하다. 자리는 채워야 맛이라고 하지만 정작 가족친지들로 인해 고객이 대접을 제대로 받지 못하는 경우가 비일비재하다. 축하객들의 인사를 받느라 가맹점주가 고객 대접을 소홀히 한다면 곤란하다. 가족이나 친지들은 개점 오픈한 후 2~3일쯤 후에 오는 것이 매장 이미지 메이킹에 훨씬 플러스다.

마지막으로 프랜차이즈 가맹계약을 했더라도 장사는 가맹점주의 몫이다. 상당한 부분을 프랜차이즈 가맹본사에 의존하거나 높은 기대를 거는 것은 바람직하지 않다. 똑같은 프랜차이즈 가맹점이라도 잘 되는 집이 있고 잘되지 않는 집이 있는 것은 모두 가맹점주의 경영능력과 마음가짐 때문이다. 프랜차이즈 창업으로 성공하고 싶다면 성공하려는 마음자세로 장사를 하는 것이 성공의 열쇠다.

오전 10시, 사람 부자가 되는 시간

오전 9시면 나는 어김없이 회사로 출근한다.

집에서 회사까지는 약 10km 정도 거리, 추운 겨울 빼고는 대부분 운동 삼아 걸어다닌다.

출근해서 가장 먼저 하는 일은 전날 들어온 메일을 체크하는 일. 그리고 사인해야 할 결재서류를 처리하고 나면 오전 10시, 명함을 정리할 타이밍이다. 이제부터 내가 가장 좋아하는 시간이다.

"어? 이게 누구였더라?"

대부분 명함을 받아도 잘 간수하는 사람은 드물다. 몇 번이나 명함을 건네도 만날 때마다 명함을 달라는 사람도 있고, 받은 명함도 어디에 뒀는지 알지도 못하는 사람도 수두룩하다. 바지 뒷주머니나 자켓 안주머니, 지갑 속, 가방 저 밑바닥, 심지어 차 안 콘솔박스에도 명함이 있는 사람도 봤다.

하지만 나는 세상에서 명함정리가 가장 재미있다. 우선 각양각색인 디자인이 다양한 볼거리를 제공한다. 한자로 쓰여진 명함은 저절로 한자공부가 되고 영어로 쓰여진 명함은 영어식 표기를 익히기에 좋다. 무엇보다 이름 앞에 붙은 직함은 내 성취동기를 자극시킨다. 명함 속 그 사람처럼 되고 싶다는 바람이 내게 활력소가 되어준다.

전날 받은 명함구경이 끝나면 명함에 적힌 번호로 간단한 안부 문자를 보낸다. 사업을 하면서 인사치레로 받은 명함도 상당수 섞여 있지만 그래도 상관없다. 명함은 사람과 마찬가지이니 일단 내게 찾아온 이상 소홀히 대접할 수 없는 법이니까.

"안녕하세요 이승환입니다. 오늘 하루도 행복하게 보내세요."

안부문자에 답문자가 오면 일단 친밀감은 확보한 셈이니 오전 수확치곤 짭짤하다. 안부문자 보내기가 끝나면 그룹별로 명함을 분류한다. 언론이나 매체담당 기자들은 따로 관리해주는 직원이 있어 그쪽에 부탁하고 나머지는 내가 직접 관리한다. 금융, 경제, 각종 단체 등 업종별로 나뉘어진 명함집에 분류하면 명함정리가 끝난다.

하루 평균 내가 받는 명함은 대략 10장 안팎. 외부 행사나 일정이 잡힌 경우는 더 많아지지만 대략 10명 안팎의 사람과 만난다는 뜻이기도 하다. 그들이 한 달 모이면 300명이 되고 일년이면 3,650명이 내 인맥 안으로 들어오는 셈이다. 명함관리만 잘해도 이들을 놓치지 않고 내 사람으로 만들 수 있다는 뜻이다. 명함관리가 바로 인테크인 셈이다.

보기에 따라서 작은 종이조각에 불과하지만 별것 아닌 것에 마음을 쏟을 줄 아는 정성이라면 사람 부자로서 일단 합격이다. 사람 부자에 욕심을 가지고 있는 한, 나는 오전 10시 사람 부자가 되는 시간을 놓치지 않을 것이다.